家居建材智库丛书

洞察家装消费需求　把脉行业发展趋势

互联网家装
元年纪

2016年中国互联网泛家装行业发展研究

家居建材智库◎组编

机械工业出版社
CHINA MACHINE PRESS

2015年是互联网泛家装发展的元年。“互联网泛家装研究”就是试图以科学系统的方法，对行业的互联网变革进行严谨和理智的研究分析，能够为读者正确认识和理解行业的互联网变革提供更加翔实的理论框架和更加可靠的信息资料，并以实践的思维和态度，勾勒出行业发展的趋势，以及企业在行业重构中应该采取的战略部署和运营方式。

本书以家装消费行为调研数据为基础，探讨了互联网泛家装的消费需求及需求的差异化表现，着重描述了家装消费的市场细分，需求变化等问题，对互联网家装的发展趋势进行了思考和展望。

图书在版编目（CIP）数据

互联网家装元年纪：2016年中国互联网泛家装行业发展研究／家居建材智库组编. —北京：机械工业出版社，2017.6

ISBN 978-7-111-57311-1

Ⅰ.①互… Ⅱ.①家… Ⅲ.①建筑装饰-建筑企业-企业发展-研究-中国-2016 Ⅳ.①F426.9

中国版本图书馆CIP数据核字（2017）第149655号

机械工业出版社（北京市百万庄大街22号 邮政编码100037）

策划编辑：赵 屹　　责任编辑：赵 屹 於 薇

责任校对：赵 蕊　　责任印制：李 昂

版式设计：张文贵

三河市宏达印刷有限公司印刷

2017年7月第1版·第1次印刷

169mm×239mm·12.5印张·148千字

标准书号：ISBN 978-7-111-57311-1

定价：40.00元

凡购本书，如有缺页、倒页、脱页，由本社发行部调换

电话服务	网络服务
服务咨询热线：（010）88361066	机 工 官 网：www.cmpbook.com
读者购书热线：（010）68326294	机 工 官 博：weibo.com/cmp1952
（010）88379203	教育服务网：www.cmpedu.com
封面无防伪标均为盗版	金 书 网：www.golden-book.com

本书编委会

丛书编委会

序　一

很久以来，家装都被认为是痛点颇多的一个行业。以“家装陷阱”为关键词，随便在搜索引擎上进行搜索，合同陷阱、价格陷阱、材料陷阱、套餐陷阱等相关内容便扑面而来。确实，作为一个涉及建材工厂、多层经销商、设计师、物流服务商、施工队、家装用户等多个环节的长链条行业，家装行业在每一个环节都可能有痛点，刚才所说的只是九牛一毛而已。而人之毒药，我之蜜饯，在互联网时代，在互联网成功颠覆了媒体、广告、金融、出行等诸多领域之后，其巨大成功也极大鼓舞着资本和从业者，让他们生就了希冀以这些痛点为突破口，以互联网为依托，对家装业进行重塑，占据这个潜力无限的市场。

“通过将设计方案进行线上整合，提升设计效率的云端设计统一管理系统；通过对装修现场进行实时展示的全天候装修监控系统；通过将装修现场与建材生产厂商直接对接实现按需生产、工厂直供的 F2C 的供应链模式……”这些互联网技术在传统装修行业的应用，让人们在悄然中改变了对传统装修的看法，互联网家装开始迅速占领了家装市场，一时间涌现了一大批互联网家装平台。

但是，前行的路并非都是坦途。生产链环节多、杂、乱，以至于用户需求不能完全满足到位；大部分施工标准还是“非标准化”；共享经济模式使得平台无法监管第三方，进而对施工有了某种程度上的“失控”；对后期问题维护上的“售后问题”难以解决，等等。这些并未与之前有根本不同。看透却做不透的无力感，也使得在经过疯狂的“发烧”过后，互联网家装正在缓慢退烧。

行业的狂热固然给人以振奋，短暂的回潮也能让人从冷静中汲取思考的力量。互联网家装的下一步在哪里？本书给出了一个回答：差异化发展。简而言之，这个差异化发展的核心即是互联网家装企业必须打造具有不同个性的品牌形象。不得不说，在一个迷茫而困顿的节点，这样的观点不仅因为洞悉且折射了行业的深度而难能可贵，而且为前行者们提供了一种参考而恰逢其时。我想，这本书最大的价值与意义即在于此。

另外，对于互联网家装元年，本书通过严谨的调研，大量的数据，专业的分析，并结合行业发展脉络，在以数据呈现的同时又结合了业内人士的专业视角进行深度解读，因而使得本书无论是从可读性，还是从调研结果呈现方面，都具备较大的价值。

家居建材智库作为深耕行业的专业组织，一直以来以积极推动行业发展为己任，致力于为从业者提供智力支持，这本书是智库对互联网家装行业发展趋势的最新成果，为促进行业向前良性发展做了自己应有的贡献，虽然微不足道，但愿以飨读者。

中国建筑装饰协会厨卫工程委员会秘书长

胡亚南

序　二

《中国互联网泛家装行业发展研究报告》终于出书了！作为该研究的发起人之一，我深为我们行业能够进行这样系统深入的研究而感到高兴，也希望这本书能够帮助推动互联网家装的发展。

2015年初，“互联网+”的概念提出以后，互联网家装风起云涌。当时我用一首小诗“千军万马闹家装”来形容，懂家装的、不懂家装的都进来了。很多家装企业营销做得热闹，但是不落地，做不好交付，结果互联网家装公司很多死掉了，或者转型了，或者被兼并了。所以说，不管你是做传统家装还是做互联网家装都必须深度融合。在竞争中融合，在融合中竞争。

家装是一个以传统手工业为主的劳动密集型行业和产业。传统的家装模式：签单、洽谈、设计、施工、验收、售后服务以及营销手段都不够成熟。想要逐渐修正这些不足，传统家装企业必须要拥抱互联网。同时无论传统家装还是互联网家装，必须有规范的标准，因为有标准才能使你树立品牌、口碑，以及成功交付。

互联网家装给我们带来了什么？如何让家装通过互联网这个工具，来实现最大的获客率？通过体验馆，让消费者真正体验到互联网家装给我们带来的方便，获得深入的交流？这就要求传统家装必须与互联网家装结合、线上线下结合。

未来的家装企业，就是要线上线下融合，谁也离不开谁。家装行业是中国改革开放的产物，因为1998年我国进行了住房制度的改革，由过去公有住房变成了商品房，使大家把房子变成自己的财产，这样我们的市场才非常庞大。住宅的装修行业是时尚的、是流行的，因为房子捆绑我们的一切，结婚、生孩子、落户等，要买房就要找家装。中国的经济受下行压力的影响，但是仍然实现了发展。珠三角、长三角、京津冀、雄安等计划的实施，必将带来新的跨越发展。

所以家装行业的发展还是有很大的前景。在这个时候我们开展对家装消费者的研究，了解消费者的家装消费需求，认识家装消费观点就显得十分必要和十分重要。希望不管是做传统家装的，还是做互联网家装的，都能够从这本书中获得有意义的信息。

中国建筑装饰协会住宅装饰装修委员会秘书长

张仁

前言

一

2015 年是互联网泛家装发展的元年。2015 年年初，爱空间推出的互联网整体家装套餐模式，让酝酿良久的互联网家装之风终于吹起来了。

于是，互联网家装成为2015 年行业互联网化发展的标杆。各种互联网家装模式层出不穷，各种“颠覆传统”的呐喊此起彼伏，各种互联网家装峰会应接不暇，各种“互联网 +”或“ + 互联网”理论纷纷出笼，还有对互联网家装的种种质疑……

一方面是行业前所未有的发展机会，另一方面却是发展躁动下的一片乱局。在一片“好得很”与“糟得很”的嘈杂声中，我们亟需理智和系统的分析，以帮助大家理解发生在眼前的这场声势浩大的行业变革。

互联网家装究竟是怎么回事？行业的互联网化发展究竟应该趋向何方？互联网化发展对行业重构有怎样的影响？每家企业在这样的行业重构变化中又应该如何重新确定企业的战略定位和运营模式？

我们的这本《互联网泛家装研究》，就是试图以科学系统的方法，对行业的互联网化变革进行严谨和理智的研究分析，为大家正确认识和理解行业的互联网化变革提供更加翔实的理论框架和更加可靠的信息资料，并以实践的思维和态度勾勒出行业发展的趋势，以及企业在行业重构中应该采取的战略和运营方式。

二

我们的一切研究，都是基于家装消费者的消费需求与消费行为。

我们有两个基本的假设，虽然是假设，但有坚实的逻辑推理，并且在实践中经历了持久的考验。

第一个假设是行业内的消费者只有一个消费需求，那就是家装消费的需求。基于这个家装消费需求的假设，我们开始重新审视这个有着五万亿体量行业的结构及各个家装要素之间的逻辑关系。也正是依据这个“唯一消费”假设，我们才提出了“泛家装”的行业结构概念，用以解释诸多行业实践的概念，如“大家居”“全屋定制”“一站式家装服务”等；也更加清晰地解读了当前所发生的互联网家装发展的内在驱动力。

凭借这个“唯一消费”的假设，我们试图根据家装消费者对家装消费需求的内在逻辑，提出“泛家装”行业在互联网化发展中的新的逻辑结构。

第二个假设是互联网化发展为满足家装消费者的“唯一需求”提供了信息基础，因而正在改变家装消费者的消费行为。这个假设为我们的研究内容提供了方向。我们的研究更多是关注家装消费者的行为在互联网化的条件下发生了怎样的变化，以及这样的变化又是怎样影响行业企业的战略定位和营销模式的。

这里需要注意的是：互联网化发展是显现出了家装消费者需求的本质，而不是改变家装消费者的需求本质。互联网化改变的是家装消费者的消费行为。比如，从业者都说家装消费追求个性化，而互联网家装主材包的标准化无法满足这种家装消费的个性化需求。这是一种对家装消费需求的错误理解。不错，家装消费者追求个性化，但同时他们也追求高性价比。当这两种追求相互矛盾时，有一部分消费者就会放弃对个性化需求的追求。但是对高性价比的需求却不是互联网化创造出来的，而是通过互联网化使得对这种高性价比的追求更容易得以实现。而正是这种高性价比需求得到满足的可能性，才使得家装消费者开始改变他们的家装消费行为。

家装消费需求是内在的，家装消费行为是外显的。只有通过对家装消费行为改变的研究，才能发现更深层次的家装消费需求，从而更好地去了解家装消费者。

三

我们的研究是十分严谨的，遵循了科学和系统的思维逻辑，并且基于翔实的调查数据。

我们有着对行业互联网化发展多年专注的观察，对行业的互联网化发展有着系统且合乎逻辑的理解，并对行业互联网化重构给出了合理的结构框架，提出了以家装消费为驱动的“泛家装”的概念。自这个概念提出以来，已经获得了越来越多业内人士的认同。

我们提出的行业互联网化发展的“一个中心和两个基本点”，也为我们对行业发展趋势的研究提供了理论方向。在行业互联网化发展的实践中，我们的“一个中心和两个基本点”的理论框架，在各种实践的考验中也越来越显示出其正确性。

我们遵循大数据时代的逻辑思维，但是却本着实际有效的精神，不简单迷信大数据的神话，坚持合理的样本数据的结构设计和收集。

我们坚信：大数据是世界观，小数据是方法论。当然，未来条件成熟时，我们会运用越来越多的所谓大数据。但是在今后相当长的一段时间里，通过样本调查收集数据可能依旧是我们获得有效数据的基本手段。

我们对行业互联网化变革的所有结论，都将严格依据严谨的数据收集和科学的数据分析，再加上我们对行业互联网化变革的洞察。

四

2016 年展开的互联网泛家装研究是我们今后系列行业研究的一个开端。因为 2015 年是公认的互联网家装元年，所以我们 2016 年的互联网泛家装研究的主要内容就是“元年纪”。这个研究为我们今后的互联网泛家装系列研究打下一个良好的基础。

历史的，必定是系列的。

我们将带着对行业发展研究的历史重任，本着对历史研究的严肃态度，来设计即将进行的互联网泛家装系列研究。我们衷心希望，从2016年起，每年一次的互联网泛家装研究能够帮助行业人士更好地了解行业的互联网化结构变化及发展趋势，从而能够更加有效地确定企业的发展战略定位及发展途径，共同推动行业更加健康、更加快速地发展。

本研究系列由中国家居建材智库出品，得到了中国建筑装饰协会、中国社会科学院、网易家居等单位的大力支持，在此一并表示感谢。

唐人

2016年4月

目录

第一部分
研究概论

一、研究目的

所谓互联网泛家装，应该有两层含义：首先是互联网。即我们所研究的是互联网时代行业发展的趋势和特点；其次是泛家装，这是我们在行业中率先提出的一个概念，用以概括传统的建材、家具、家装和软装等相关行业的内在关联逻辑及其整体性。

互联网与泛家装这两个概念实际上是紧密相关的。事实上，泛家装所描述的，正是传统相关行业在互联网进化中所表现出的一种行业结构的变化和重构。因此，我们的研究，也正是沿着这个思维逻辑发展：互联网如何推动相关传统行业的重构？以及这种行业结构的变化对行业中的各类企业又有哪些战略性的影响？企业的战略发展需要进行哪些必要的调整？

面对这一系列崭新的问题，我们感到既激动又战战兢兢，甚至是迷茫，因为这是对一个全新领域的探索，我们无法根据既往的经验来判断未来发展的方向和道路，于是我们回到行业发展的原点：我们从家装消费者的需求和行为出发，探索泛家装行业在互联网发展推动下的进化轨迹和未来，并探索泛家装企业在互联网进化中的发展战略。

具体来说，我们这个研究的目的可以分为三个层面：

第一个层面是泛家装行业消费需求和行为分析。通过对行业消费者的消费需求和消费行为的系统分析，了解家装消费需求的基本情况，特别是对家装消费需求差异化的分析，掌握家装消费市场的细分结构。

第二个层面是泛家装企业在互联网泛家装行业发展中应对的战略。通过对家装消费者需求结构及其消费行为的系统分析，我们能够更好地为泛家装企业下一个阶段的战略部署提供科学和客观的决策参考。

第三个层面是整个泛家装行业的结构变化与重构。我们清醒地意识到，互联网只是推动行业方式发生根本性变化的外因，而推动泛家装行业重构的内在动力是家装消费需求的内在逻辑。泛家装行业的重构，是在家装消费需求的内在逻辑推动下，泛家装企业不断追求“更好的用户体验”和“更高的运营效率”的结果。所以，这个以家装消费需求研究为基础，以泛家装行业企业的发展战略为动力，整个行业在互联网进化的推动下所进行的行业重构，将成为第三个层面的研究目的，可能也是最重要的研究目的。

在相当程度上，这是泛家装行业第一个较为全面地从家装消费者需求和行为着手，来帮助泛家装企业在行业大变革中进行准确的战略决策，并能够帮助我们更好地理解泛家装行业在互联网发展的驱动下，如何进行行业结构重建的研究。

二、研究指导思想

我们的互联网泛家装行业研究，严格遵循科学研究的逻辑和方法。但是在研究的指导思想上，却独辟蹊径，带有浓郁的行业特色和互联网的时代特色，并拥有我们自己独有的思想体系。

首先是我们对行业消费需求逻辑的洞察。

传统意义上，家装行业被分割成几个相对独立的行业，如家装、建材、家具、家饰、家电等。虽然不同行业的企业常在一个屋檐下做市场，甚至还经常联合一起做营销，但各自在意识中仍然是属于不同的行业。

这种行业的传统分割方法，严重影响着企业经营发展的战略思维。这里举两个例子：

其一是齐家网的品牌语：让装修像喝茶一样轻松！我们都知道，齐家网早期是做建材网络团购，为什么卖建材的要让装修像喝茶一样轻松？

其二是某家居商场对其业务宣传的逻辑。该家居商场的主标牌上宣传的是国际设计中心，副标牌列举的业务包括家装、建材、家具。问题是：设计、家装、建材和家具之间究竟是怎样的关系？

这其实是整个行业对行业结构和业务逻辑的迷茫和探索。迷茫是依旧分割，探索是努力想把这些被分割的业务联系在一起。

这种行业业务逻辑迷茫的一个严重后果是家装消费者的痛楚。我们都知道，传统家装消费是一个令人烦恼的过程：选择家装模式（清包、半包或全包）、选择家装公司、选择各种建材的品牌和款式、选择购买建材的渠道和时机、选择家具款式及品牌和购买渠道、选择装修设计中的各项内容、选择装修过程中出现的各种增项等。整个装修过程就像是个极其复杂的迷宫，可谓是步步惊心。一不留神，不但要多花很多冤枉钱，而且还不能保证装修品质。

我们原来认为家装消费者所遇到的这些艰辛和不安都只是传统家装公司的过错，而当互联网家装的出现，才使我们突然发现其更深层次的原因——传统行业结构的不合理。于是我们提出了“泛家装”的概念和理论框架。

泛家装概念的一个核心思想就是整个行业是为家装消费者服务的。泛家装行业的消费者只有一个核心需求，就是家装消费需求。所以泛家装行业的一个根本目的，就是家装要素的有效组织，即如何更加有效地组织家装要素，如设计、材料、施工、家具等，以达成“更好的用户体验”和“更高的运营效率”。

整个泛家装行业也将在对“更好的用户体验”和“更高的运营效率”这

两个基本目标的追求中得到发展。

其次是我们对行业互联网化发展的认识。

互联网发展的初期我们把思维定式在电商方面，我们才认识到互联网发展具有更广泛的空间。然而，当我们把关注点聚焦在“互联网+”时，却发现我们对目标的茫然：“互联网+”究竟怎么做？

于是，我们过多地在讨论究竟应该是“互联网+”还是“+互联网”的问题。

在电商时代，不管做电商对传统企业来说有多难，我们至少还是知道目标是什么，并且还知道应该怎么做。比如说建立一个电商团队，在天猫或京东开一家旗舰店，然后拿一些产品在线上销售。不管做得好坏，不管我们对电商的理解是否正确，我们至少知道能够做些什么。

但是谈到“互联网+”，绝大多数的企业却茫然不知所措：这个“互联网+”究竟应该做些什么呢？每天，我们身边有太多的所谓互联网思维，有太多的成功模式，还有太多的互联网“风口”，真真假假，虚虚实实，让本来就已经战战兢兢的企业更加不知所措。

那么，互联网发展对企业来说究竟意味着什么呢？

针对企业对“互联网+”的迷茫，我们在2015年5月，提出了企业互联网发展的“一个中心和两个基本点”的理论。近两年来，“一个中心和两个基本点”的理论已经被行业普遍认可和接受，成为行业人士理解和指导企业互联网发展的理论基础。

“一个中心”是指互联网的核心功能，就是“信息互动”。不管互联网模式如何千变万化，互联网思维如何风起云涌，我们始终认为互联网的核心只有一个，那就是信息互动。掌握了互联网“信息互动”的核心功能，我们不但能够更好地认识发生在我们眼前的各种与互联网相关的模式和概念，而且能够更好地指导企业互联网进化的实践。

同时，掌握互联网“信息互动”这个核心功能，还能够预测企业互联网化发展的方向和轨迹。比如，如果我们能充分理解和掌握“信息互动”的功能特征，就能够判断出未来用户评价体系在企业品牌发展中的主要作用，就能够预测未来的组织结构可能发生怎样的变化趋势。

“两个基本点”是指互联网化发展的两个基本目标：更好的用户体验和更高的运营效率。事实上，这两个基本点也是泛家装行业发展的两个基本目标。等到哪一天我们不再谈论互联网了，这两个基本目标依旧存在，泛家装行业的发展就是每个企业在市场竞争中不断追求“更好的用户体验和更高的运营效率”的结果。

“一个中心和两个基本点”是我们认识互联网发展的基本理论，也是我们研究互联网泛家装行业发展的指导思想。

第三是我们对市场发展战略的独特的分析逻辑。

对行业发展的研究，还基于我们对市场发展的基本认识，基于我们对市场发展的基本分析逻辑。

在目前互联网发展的大变革时代，思潮涌动、人心浮躁，各种理论层出不穷，但其中大多只是哗众取宠、昙花一现。如何识别这些不正确的思维就成为我们在研究过程中非常重要的任务。因为不正确的认知，将导致我们对研究设计、数据分析和分析结果等发生偏移甚至是错误。

因而，对行业发展的研究是否正确和准确，在很大程度上还依赖我们对市场发展战略独特的思维分析逻辑。

1．我们对市场细分理论和实践的认识和经验

应该说，市场细分是营销战略中一个十分重要的概念，企业在战略制定、产品定位、营销渠道和营销方法等方面的决定，都依赖对市场细分的认识和细分结果的应用。

就本研究所突出的互联网家装发展来说，对市场细分的正确认识以及对整个家装细分市场的恰当细分和应用，是互联网家装发展中的重中之重。我们曾经说，互联网家装必须坚持“持久战”和“差异化”两个基本发展原则，其中“差异化”发展战略严重依赖于我们对家装市场细分的认识。

但是，自从有市场细分的概念以来，虽然市场细分的理论应用非常广泛，但是在实践中，市场细分却存在着严重的问题，很多问题至今还未被营销界的主流人士所重视。归根结底，这些问题都是关于“究竟应该如何来细分市场”。

比如说，面对家装消费市场，我们所面临的是一个唯一的市场细分结构吗？究竟应该依赖哪些变量来进行市场细分？选择这些变量的依据又是什么……

当被问起这些问题时，我们可能才知道我们对市场细分的概念还知之甚少。

在某种程度上，市场细分的结果取决于我们对市场细分的理解，这和量子力学中量子特质与观察者之间是相互依赖的关系是极其相似的。也就是说，市场细分的结果不是唯一的，它取决于人们怎么认识市场细分以及怎么应用市场细分的结果。

依据我们对市场细分理论的深刻理解以及在实践中对市场细分的分析和应用，我们提出了“动态市场细分”的分析和应用方法，即根据营销实际的需要来动态地进行市场细分，以取得更好的市场细分的应用效果。有关“动态市场细分”的理论和应用，我们在相关章节将更具体地展开。

2. 我们对消费“个性化”和“标准化”发展趋势的辩证分析认识

个性化发展思潮是互联网发展中一个重要观点，许多专家都认为互联网因为有了“信息互动”的功能，所以用户可以及时地告诉企业自己的需求，而所谓工业 4.0 的生产技术又能够生产出依据消费者个性化需求而订制的产品。根据这些观点，可以说，未来发展的趋势是 C2B，是个性化消费。

然而互联网家装却正在寻求从个性化运营向标准化运营的方向发展。是整个行业的发展方向出了问题？还是这些专家的理论有误？个性化与标准化之间的关系究竟应该如何理解？个性化发展的市场理论真的靠谱吗？企业是否能够制定出完全依靠个性化需求的市场营销战略来？在这样的条件下，个性化与标准化是否能够交换角色？

这一系列的问题，是见森林还是见树木的本质性问题，对行业的发展有着重大的影响，对行业中每个企业的营销战略的制定也有着重大的影响。同时，对我们的研究规划以及研究结果的解释也有着重大的影响。

我们依据市场细分的基本原理，依据行业发展的基本事实，对个性化发展的思潮进行了科学客观的分析和评价：

1）实现个性化消费的关键不在于工业 4.0 的生产技术，而在于与工业 4.0 配套的供应链体系和管理运营体系。互联网家装正是希望克服因为个性化装修服务而造成的运营管理效率低下的问题，而做出的整个行业的共同努力。

2）所谓个性化需求，即从市场层面上总是可以进行类聚而获得相对统一的标准化需求。

3）所谓个性化需求，是指消费者希望属于某一类特别的人群。比如说，当人手一部苹果手机时，我们的所谓个性化需求在哪里？这种所谓的个性化需求的本质又是什么？

4）所谓的个性化服务本身并没有个性化特征。相反，许多标准化服务却有着显著的个性化特征，比如宜家。

5）依据个性化需求是无法进行企业的战略定位的。

3. 我们对所谓“消费升级”理论的辩证思考

现在到处一片消费升级的谈论，其实却是在打着消费升级的旗帜涨价。如何正确分析消费升级思潮，如何正确认识我国目前的消费发展趋势，是我们正确认识和分析家装消费者需求的基础，也是正确认识互联网家装发展的基础。

在对“消费升级”思潮系统辩证的分析基础上，我们有着对我国消费发展思潮更加深刻的认识：

1）与“消费升级”相比，我们的市场消费可能更多的是需要消除“土豪式”消费模式的泡沫，让消费回归理性。

2）企业更需要坚持自己的战略定位，不要因为思考“消费升级”而偏离自己既定的战略方针。

3）企业应该更多地考虑产品的基本功能，应致力于把基本产品做好，而不是忙着升级产品功能。

4）产品品质的提高，或功能的增强，或服务质量的加强，不一定非要伴随涨价，而是需要企业克服运营效率低、渠道成本高、毛利润高的不正常现象，从而获得持久的市场竞争力。

5）最重要的是，要有为普通大众服务的理念。坚持把普通产品做到极致，坚持提升产品的性价比，才是市场竞争的王道。

值得指出的是，消费升级更多应该从消费者的“消费体验升级”这个角度来理解，这是对产品的要求从“能用”到“好用”的转变，而不应简单地把消费升级理解为产品的功能增加和售价的上涨。

三、研究方法

我们是通过对家装市场消费者的消费需求和消费行为的数据进调查和分析，来研究我国家装消费市场目前的各种情况，并在我们独有的对市场发展和对行业发展的认识思想的指导下，运用科学的分析技术，获得客观和非客观的研究结果。

我们说，研究结果是客观的，是因为我们对整个调查研究的样本选取、数据调查和分析，都严格遵循统计学的基本法则，不敢越雷池半步。因为我们的样本分布是科学的，数据获取方法是科学的，分析方法是科学的，并且我们对数据分析结果的报告也是非常客观谨慎的，所以我们的研究和分析才是客观的。

但是，我们的研究在另一方面却有着非客观性，这是因为在设计调查问卷时就已经加入了我们对调查研究的认识，加入了我们对家装消费市场的认识，加入了我们对互联网泛家装行业发展的认识。这样的非客观性，事实上恰好是本研究有别于其他行业研究的最重要的因素。

市场不是客观的，而是仁者见仁，智者见智。我们用严谨的科学研究态度和敬业精神来展开眼前这个“互联网泛家装行业发展”研究。

（一）问题设计

我们研究的是互联网时代泛家装行业的发展问题。是从家装消费者的消费需求和消费行为着手来进行研究的。

我们把被调查的家装消费者分为两大类：刚刚做完装修的和准备做装修的。对已经做过装修的消费者，我们主要是询问他们在装修过程中的各种行为。而对即将准备进行装修的消费者，则更多地询问他们的各种装修需求。当然，其中还有部分交叉的消费者，即正在做装修的。对这些消费者，我们既问他们已经经历过的装修经验（行为），又问他们对即将面对的装修阶段的需求。

有道是“种瓜得瓜，种豆得豆”。调查中问什么样的问题，会直接影响到研究的结果是基于怎样的调查数据。问题问得不恰当，所得到的研究结果就难免有所偏颇。总的来说，我们在调查问卷的设计上有这样几个特点：

1）是从家装消费者所经历的装修消费的全过程来全面了解家装消费需求和消费行为的。

2）是根据家装消费者的实际消费逻辑来逐步展开问卷的。

3）虽然是关于互联网泛家装的调查，但是我们并没有刻意去询问有关互联网或电商的问题，而是把问题隐藏在家装消费者对商品信息的寻求和购买商品的消费行为的调查中。

4）在家装消费行为和需求的调查之外，我们还特意组织了一次有关家装消费者对装修各方面的态度的调查，而对这些态度的调查分析将构成我们研究的一个重要组成部分。

5）虽然是关于互联网家装的，但是我们基本上没有提起有关互联网家装的概念，而是通过对相关问题的分析，得出对互联网家装发展有启发性的分析结果。

（二）数据获取

有关问卷的调查是通过一家网络数据收集公司展开的，时间是在2016年6月18日到2016年6月30日之间，一共收集了1500个有效的样本数据，其中刚刚完成装修工程的消费者574人，正在进行装修的消费者456人，准备进行装修的消费者470人。

（三）数据分析

在获得有效数据后，我们对数据进行了全面分析。

我们的分析分成两个部分：第一部分是基础数据分析，对数据分析的结果进行比较直观的描述和解释；第二部分是根据第一阶段的分析结果再进行更加深入的探索，特别注重数据之间的联系所揭示的更多的家装消费者需求和内在的逻辑。

也就是说，我们在数据分析时不但保留了所收集到数据的客观性，同时也更好地发挥了主观能动作用，从客观的数据中发现了更多的规律和联系。

我们在数据分析时，一方面避免那些所谓的“常识性”结果，即无论有没有数据分析我们都知道大概的结果；另一方面也对数据分析中的“意外”发现保持一定的警觉性。对“意外”发现不是喜出望外，而是谨慎地回过头去核实所获数据的可靠性。

不同的研究指导思想可能决定需要不同的数据收集，不同的研究指导思想也能够让我们从同样的数据中发现不同的规律和联系。这才是数据分析的真谛所在。

（四）对分析结果的探索思考

我们的研究不是数据分析完就结束了。事实上，数据分析的结果只是真正研究的开始。

数据分析不是我们研究的目标，我们的研究目标是通过科学系统的数据分析，去探索和发现家装市场消费需求的规律，从而探索能够指导泛家装行业企业发展的战略思维逻辑和方法，探索泛家装行业发展的方向和轨迹。

可能和大家所熟悉的研究报告有所不同，我们的研究重点不是呈现一些数据结果，而是通过一系列的数据分析，更多地思考泛家装行业企业的发展战略，探索泛家装行业的发展方向。

我们在研究报告的阶段性发布时，遇到了这样的问题：你们的研究报告中有哪些值得关注的数据？我们的回答是：值得关注的应该是我们依据数据分析结果所做的探索思考。

这才是这份研究报告真正的价值所在。

四、独特的价值

简单总结一下这份《中国互联网泛家装行业发展研究》报告的价值所在：

1. 一项由本行业主导的行业全视野的调查分析研究

本研究的执行中，无论是调查问卷的设置，还是数据分析的执行，以及对数据分析结果的深刻思考与探索，都是由充分了解和掌握行业发展趋势的专业人士指导和执行的。

我们对行业的发展有着根深蒂固的理解，对行业发展中方方面面的问题也十分清楚。这种植根行业的特性，使得我们这份研究报告无论是在问题的贴切性方面，还是在对问题探讨的深度方面，或是在帮助泛家装企业理解行业发展方向以及制定企业发展战略等方面，都有着十分独特的价值。

2. 具有独特的指导思想

我们说，作为市场研究的数据既有其客观性，但同时又是主观的。

数据的这种主观性首先表现在研究者是如何看待他所研究的市场。一般来说，研究需要做到“胸有成竹”，即在获得市场信息前，对市场应该已经有一个比较清晰的印象，而不是盲目地去获取信息。

数据的客观性还表现在研究者对数据的分析方法和分析过程中。比如，同样的数据如果采取不同的分析手段就可能得到不同的分析结果，从而给我们展示的就是不同的市场画像。再比如在差异化分析中，采用不同的变量进行分析，得到的市场细分结果就完全不同。

除了数据及其分析的主观性之外，对数据分析结果的思考也完全是主观的。所谓“仁者见仁、智者见智”，这是真正能够发挥我们主观能动性在研究报告中的价值之所在。

我们在对互联网发展的理解，对整个泛家装行业结构及其重构的认识，对当前一些市场发展思潮如“消费升级”和“C2B 个性化发展趋势”等方面有着自己独立的思考，而这些认识和思考使得我们对泛家装行业发展的研究也有着独到的见解，因而对泛家装企业的战略发展，有着不可替代的指导作用。

3. 对行业发展的探索和思考

我们的研究报告，不是提供一些我们称之为“快餐式”的数据（主要用于各种 PPT 的制作），而是侧重于通过对所获取的市场调查数据进行分析，来为泛家装行业企业的发展战略提供有价值的思考和建议。

所以说，我们的研究报告所提供的的不是数据而是对数据分析结果的思考与探索。

4. 严谨的科学研究态度

我们抱着严谨的态度来执行这个中国互联网泛家装行业发展研究。我们对研究的每个环节，包括主题的确定、问题的设置、样本选择、数据收集、数据分析以及对分析结果的解释和进一步思考，都严格按照客观的科学逻辑进行分析，不敢越雷池半步。

在分析过程中，我们不止一次地回过头去重新核实一些数据的真实性，以做到尽可能的严谨。

我们不会为了哗众取宠而做任何没有数据分析结果支撑的论断，我们也不做各种发展趋势的数字化预测，因为我们知道行业内目前还没有数据来支持这样的预测，即使我们知道这样的预测数字会受到众人的追捧，我们的研究甚至可能因此而成为“网红”。

因为我们有着进行科学研究的道德底线。

5. 研究的公正性

我们是站在整个行业的利益立场上来进行中国互联网泛家装行业发展研究的，其中不涉及任何个人或企业的利益，所以应该说，我们的研究立场具有一定的公正性。

研究公正性所带来的，是研究结果的可靠性。

6. 研究报告的系列性

《互联网家装元年纪》是我们《中国互联网泛家装行业发展研究报告》系列的第一份报告。以后，我们每年都会出一份有关行业发展的研究报告。

所以我们这份报告的价值，还在于这个系列报告的历史性。

系列的，必定是历史的。

五、研究报告的发起

本研究系列由家居建材智库出品，得到了中国建筑装饰协会、中国社会科学院传媒调查中心、网易家居及《销售与市场》杂志等单位的大力支持。

本研究报告的发起人包括：张仁、胡亚南、唐人、胡艳力、高冬梅。

第二部分
家装消费基础分析

一、样本介绍

1. 受访者基本信息

本次调研的受访者性别，男性占52%，女性占48%，男性受访者略多于女性受访者。

受访者的年龄集中在26～45岁，主要为70后、80后消费者，这也是目前中国的主力消费群体。

根据装修完成的情况，可以将此次参加调研的受访者分为三类。其中准备装修和正在装修受访者分别占31%，已完成装修的受访者为38%。三类受访者比例接近1:1:1。

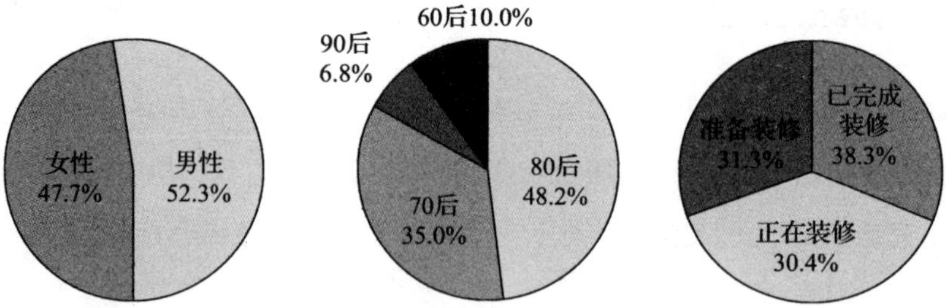

受访者基本信息

2. 受访者地区分布

此次调查范围覆盖全国，受访者来自我国七个地区的38个城市，其中一线城市的受访者占23.3%，二线城市的受访者占30%，三四线城市的受访者占46.7%。

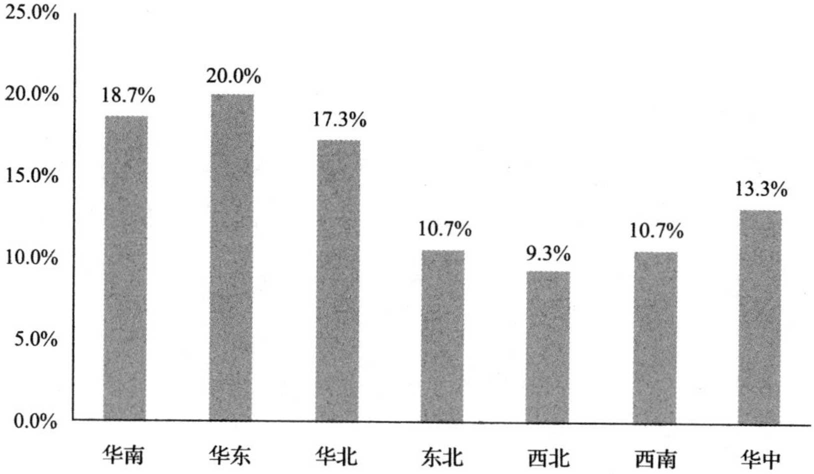

受访者的地区分布

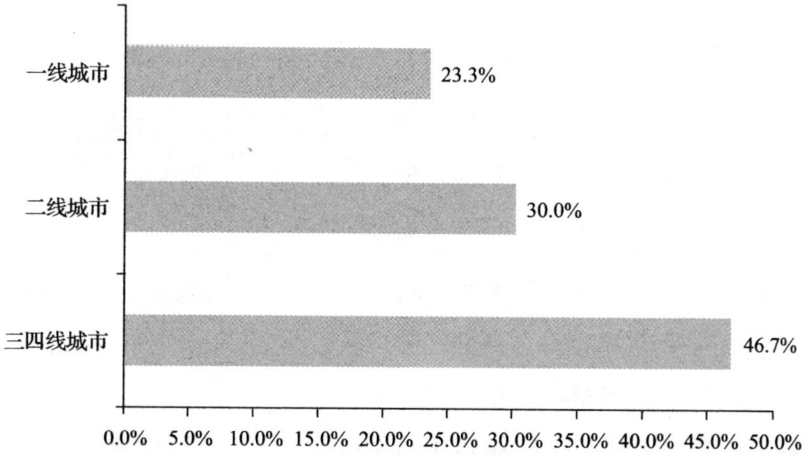

受访者的城市分布

二、装修基本信息

以下分析中，我们一方面需要分析各种关系在统计学意义上的差异性或相关性，同时还需要关注这些差异性或相关性在实践中究竟是否具有一定的意义。

1. 房屋相关

(1) 房屋属性

在本次参与调研的受访者装修的房屋中，新房（毛坯房）占绝大多数(77.0%)，其次是重新装修的自有住房（16.9%)，新购二手房的占比最少(6.1%)。

另外，在不同的线级城市中，房屋来源也有相应的差异。一线城市的自有房重装比例是最高的（22.9%)，这一比例在其他线级城市中则不足两成。而相应地，一线城市的新房占比（70.0%）却是各线级城市中最少的。

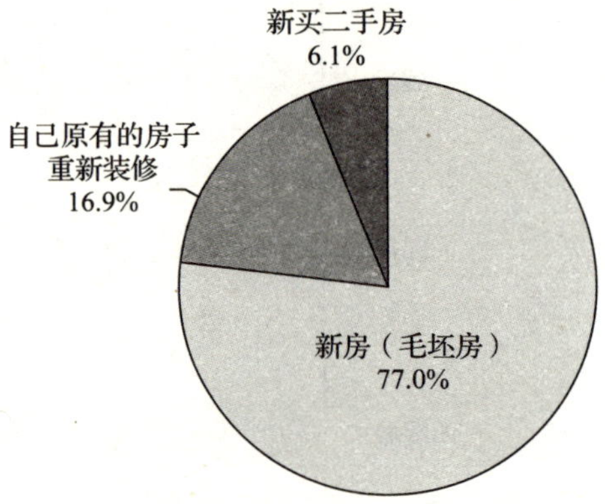

房屋来源

总的来看，自有住房重装的比例与城市线级成反比，新房占比则与城市线级成正比。这一结果应该与各城市的经济发达程度与房地产发展情况有着密切关系。一方面，一线城市开发早、地价高，随着全线存量房时代的来临，一线城市更是首当其冲，新盘入市数量不及其他城市，新房占比自然也低。另一方面，一线城市房价高，且消费者的收入与房价并不成正比，相比重新购置房产，自有房重新装修显然更容易实现。另外，由于一线城市开发早，老房年份更久远，有重装需求的消费者数量也就更多。

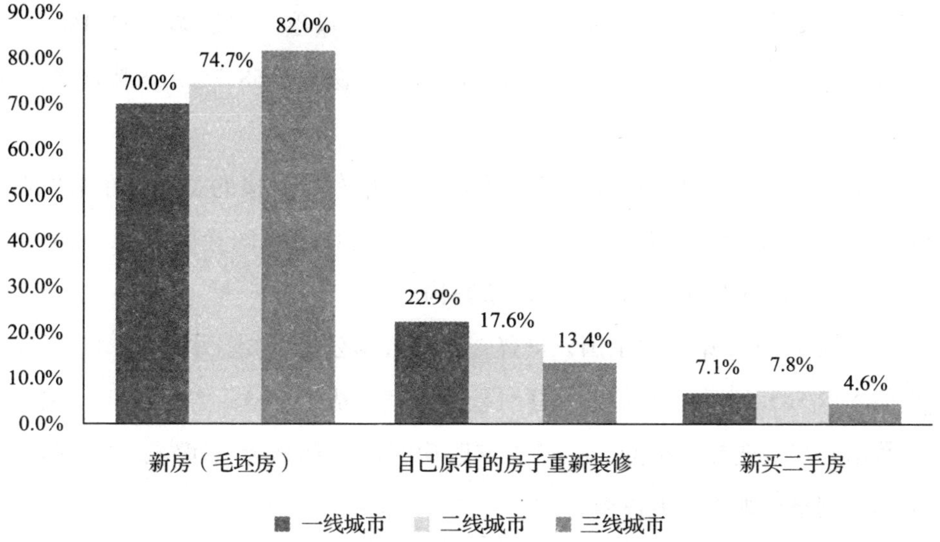

不同城市线级的房屋来源

（2）房屋面积

受访者装修房屋的建筑面积是我们考察的基础信息之一，根据对1500位受访者的主观回答进行分析，我们发现受访者装修房屋的平均建筑面积为110.2平方米。根据家庭人口数来计算，人均装修房屋的建筑面积为34平方米。

通过对不同线级城市的考察，我们发现受访者装修房屋的平均面积差异不大，其中二线城市的平均建筑面积最大为111.3平方米，一线城市的平均建筑面积最大为109.2平方米，两者之差仅为2.1平方米。

再来看一下不同线级城市中的房屋面积的最小值与最大值。装修房屋建筑面积的最小值随着城市线级的增加而减小，一线城市为50平方米，三四线城市为44平方米。装修房屋建筑面积的最大值则随城市线级的增加而增加，一线城市为180平方米，三四线城市为258平方米。

（3）房屋户型

根据对调研数据的分析可知，受访者装修的房屋户型以三居室最多（55.9%），其次是两居室（36.5%）。卫生间数量以一卫居多（62.4%），少部分为两卫（37.1%）。客厅数量则是两厅最多（58.7%），其次为一厅（41.1%）。

消费者对于户型的选择往往与家庭人口数有着直接的关系。在本次调查中，受访者家庭的平均人口数约为3.24人，三口之家的具体占比为64.2%。另外，三口之家也是中国最主要的家庭构成。

根据2010年第六次全国人口普查主要数据公报可知，中国平均每个家庭户的人口为3.10人，我们的采样对象的家庭构成也和这一结果接近。家庭人口数结合户型选择可推知，三口之家购房时的选择多为三居室，三室两厅一卫的户型格局则为主力户型。

（4）房屋市价

房屋价格在全国各地的差异很大，用城市线级加以区分，可以明显看到这种差异性。此次调研我们询问受访者“装修时房子的市价大概是多少？”并给出选项请受访者选择。

从全国总体来看，受访者装修时房屋的市价在5 000元/平方米以下的有17.9%，5 000～10 000元/平方米的有40.7%，10 000元～14 999元/平方米的有18.5%，15 000元/平方米及以上有22.9%。通过累积状况来看，有58.6%的消费者的装修房市价低于10 000元/平方米。

相对来看，选择5 000元～9 999元/平方米的价格区间消费者最多，其次是15 000元/平方米以上的价格区间。这里要说的是，选择高于15 000元/平方米的消费者均来自一二线城市，其中一线城市消费者更是占到80%。

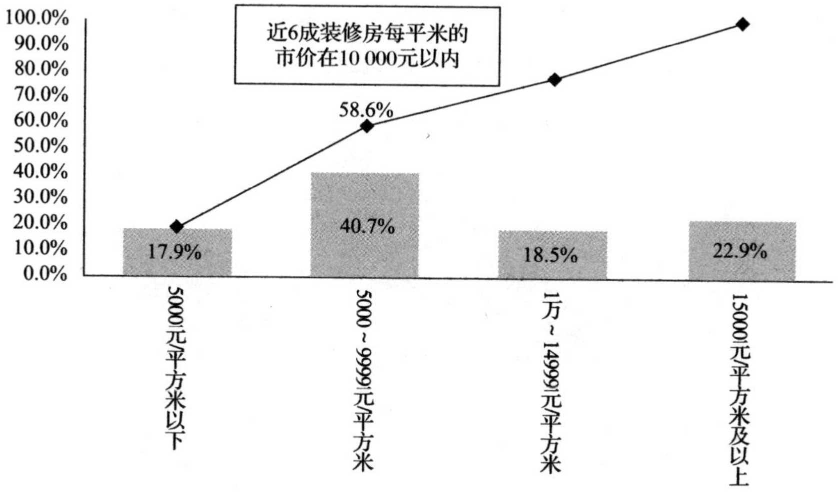

消费者装修房市价

一线城市的房价可谓领跑全国，已与二三四线城市产生了巨大差距。根据易居房地产研究院发布的研究报告指出，2015 年，一线城市新建商品住宅成交均价为 26 809 元/平方米。这一结果与我们的调研结果相似，一线城市有近 55% 的受访消费者的装修房屋价格超过 20 000 元/平方米。而二三四线城市的装修房房价则以 5 000 ~ 9 999 元/平方米的区间最多。尤其是三四线城市六成以上（60. 3%）的装修房市价都在此区间之内。

不同线级城市的装修房屋市价

	5 000 元/平方米以下	5 000 ~ 9 999 元/平方米	10 000 ~ 14 999 元/平方米	15 000 元 ~ 19 999 元/平方米	20 000 元/平方米以上
一线城市	0. 0%	0. 0%	21. 7%	23. 4%	54. 9%
二线城市	22. 4%	41. 8%	20. 4%	8. 1%	7. 3%
三四线城市	24. 0%	60. 3%	15. 7%	0. 0%	0. 0%

2. 装修相关

（1）装修目的

此次调研发现，参与调查的装修消费者装修房屋的目的绝大多数还是自住（85.4%），可见刚需自住还是装修市场的主要动力。而作为出租或二套房装修的消费者为7%，所以置业投资型的装修比例也有一定的市场空间。再来就是为给父母住而装修的消费者占5.7%。

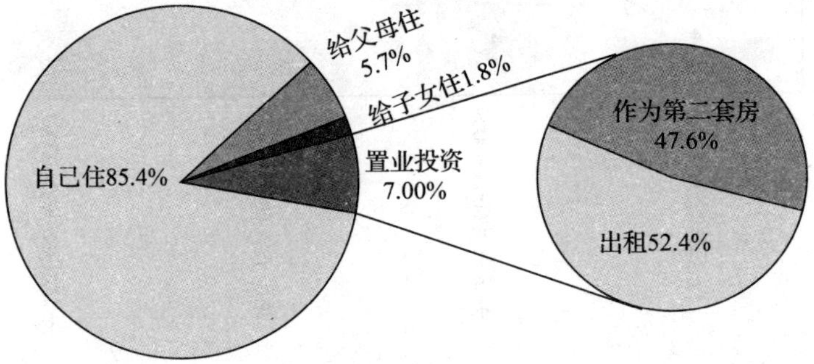

消费者的装修目的

（2）装修预算与实际花费

装修预算是每位消费者在装修前的心理预期。请消费者对装修预算进行选择时，我们看到总体上最集中的选择区间为10万~15万元（37.7%），然后是15万~20万元（26.5%），再次为5万~10万元（24.0%）。对于最低区间“5万元以下”（4.5%）和最高区间“20万元以上”（7.2%）的选择比例则相对较低。

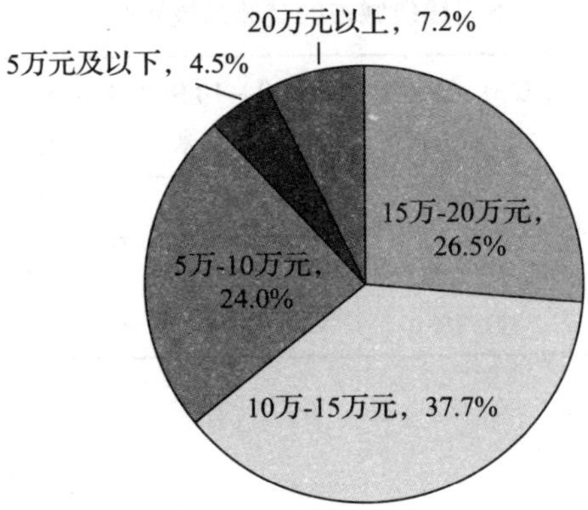

装修预算

装修预算在不同年龄段消费者群体中也存在明显差异。90后群体对装修预算的选择以10万元为界，10万元以下区段的选择比例呈上升趋势；10万元以上区段则随着预算的升高，选择比例在不断下降。80后、70后和60后群体对装修预算的选择以15万元为界，各区段的选择比例同样是先升后降。

比较来看，90后群体是不同年龄群体中选择5万元以下预算比例最高的，为13.7%；其他群体的选择比例均等于或小于5%。60后群体在10万~15万元区间的选择比例最高，为42.7%；但是在15万~20万元区段，60后的选择比例则直接降至15.3%，两个相邻区段的选择比例下降高达25%以上。与60后不同的是，70后和80后两个群体虽然同样在10万~15万元区段的选择比例最高，但是在15万~20万元区段选择比例相差不超过10%。在最高装修花费20万元以上的选项上，60后群体中的选择比例最低，70后群体选择比例最高。

综上可知，90后群体的装修预算相对最少，其次是60后，70后和80后的预算是最多的。这一结果与各年龄段的经济实力和生活习惯有一定关系。90后初入社会，经济能力不足，预算设定就会相对低；80后和70后已然是社会的中流砥柱，经济实力自然很强，装修预算可以做得更宽裕；而60后虽然有经济积累，但是生活习惯使其更倾向于节省，所以装修预算的设定也偏向节约。

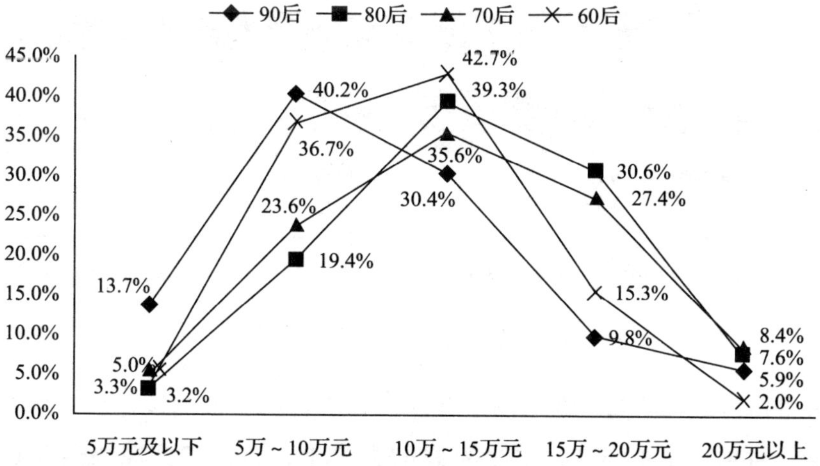

各年龄段装修预算差异

一线城市高装修预算的占比明显高于其他城市。根据城市线级不同来看装修预算，我们发现，一线城市消费者选择 20 万元以上、15 万～20 万元装修预算的比例最高，其次是二线城市，最低的是三四线城市。尤其是 15 万～20 万元区段，一线城市消费者的选择比例高达 38%，超过二线城市近 15%，而二线城市与三四线城市在这一区段的选择比例则相差不大。二线城市和三四线城市对预算的选择比例最高的区段为 10 万～15 万元。

一线城市的经济发展水平、人口数量、物价水平、工资水平都是其他城市无法比拟的，所以装修预算区间也要比二三四线城市高。另外，在 5 万元以下的预算的选择比例上，各线级城市相差不大，均在 5% 左右。可见 5 万元以下的装修花费在各类城市的装修预算中占比都很小，已经基本无法满足消费者需求。

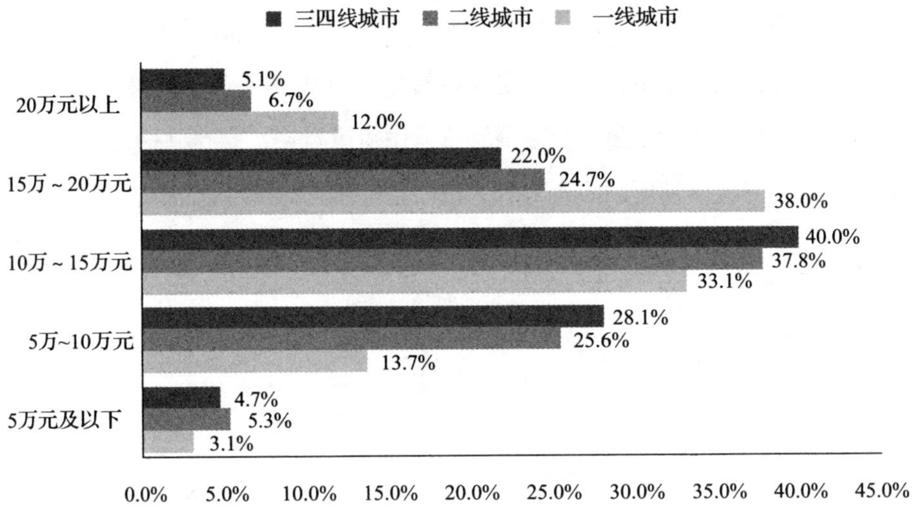

各线级装修预算差异

另外值得一提的是，性别因素并没有在各区间段的装修预算上表现出较大差异。可见，在装修这种关乎家庭的大事上，男性和女性还是能达成一致的。

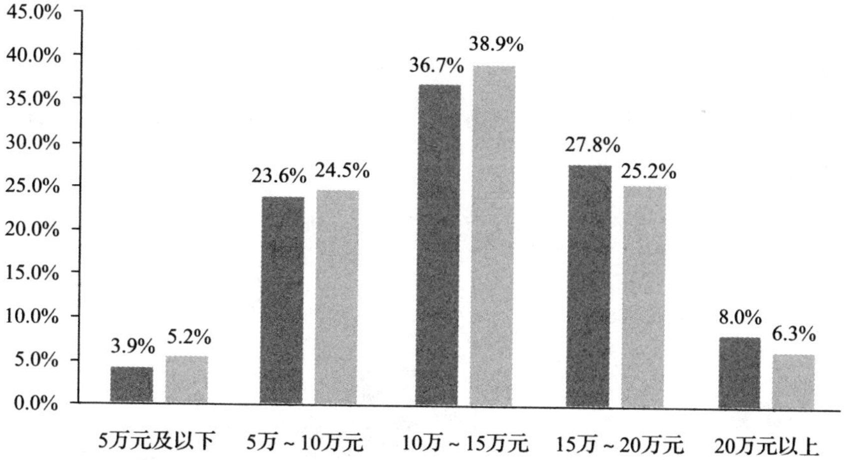

男女消费者装修预算的选择比例

对于已经装修的消费者来说，房屋面积主要为80平方米以上，所占比例为90.6%，60平方米以下的比例仅为1.74%。装修费用与房屋面积基本成正相关的关系。房屋面积<60平方米的消费者，装修费用在5万元以下的居多；对于房屋面积在61~90平方米、91~110平方米的消费者来说，装修费用分别集中在5万~10万元和10万~15万元。

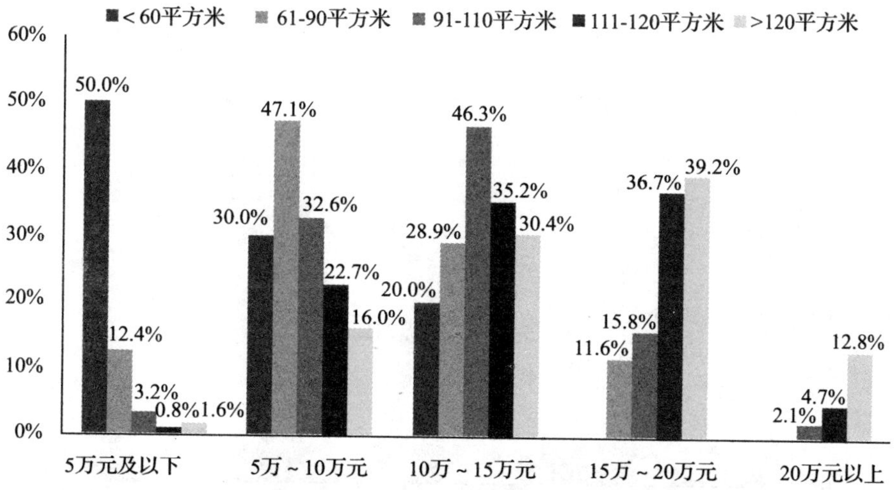

已经装修的消费者的装修费用与面积的关系

对于正在装修的消费者来说，60 平方米以下的房子较少，占比为 0.49%，几乎可以忽略不计。另外，选择 10 万～15 万元装修预算的多为装修房屋面积为 60 平方米以上的消费者；且在 10 万～15 万元区间内，装修预算与装修面积没有太大关系。

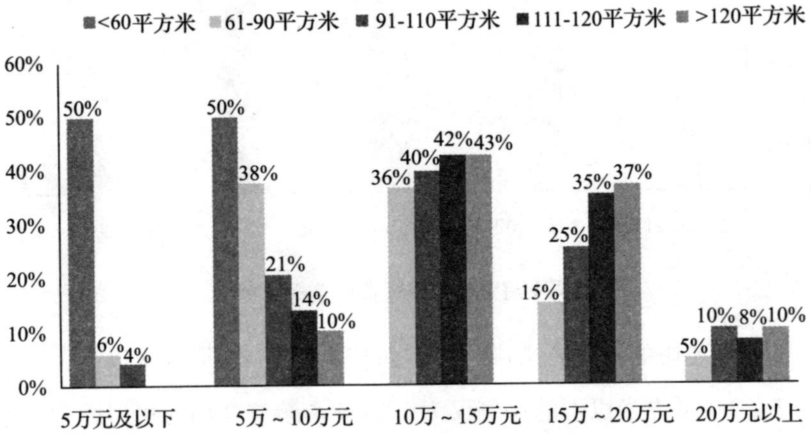

正在装修的消费者的装修费用与面积的关系

对于计划装修的人群来说，装修预算在 5 万～10 万元范围内，房屋面积在 111～120 平方米以上的消费者比例（5%）较已经装修（16%）和正在装修（10%）的消费者比例明显偏低。

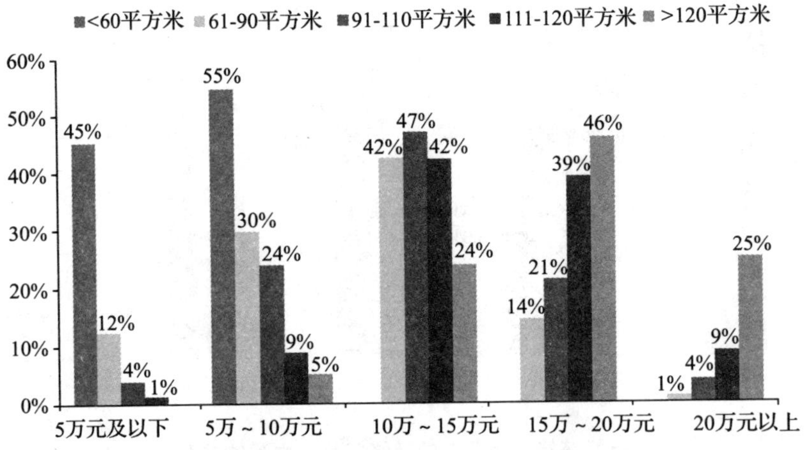

计划装修的消费者的装修费用与面积的关系

（3）装修关注因素

装修对于普通消费者而言是一个专门化程度很高的领域，大多数外行的消费者会关注的装修因素也是我们考察的焦点之一。从调研结果来看，消费者关注度超过60%的装修相关内容包括：装修材料质量（82.6%）、施工质量（80.2%）、环保达标（65.7%）和装修风格（62.4%）。

我们还要求消费者对其关注因素进行排序，依然得到了相同的结果，排在前三位的依然是：装修材料质量、施工质量、环保达标这三项。

从这里可以很明确地看出消费者对装修质量的重视，环保达标也是对质量的一个细化表现。而关注点在质量，也说明消费者对装修整体质量的担忧。

这种情况说明第一，消费者对于装修的重视，装修的花费对很多消费者而言并不是小数目，慎重是必然的，同时装修本身也包含了消费者对未来“家”的憧憬和希望，重视亦属正常。第二，由于消费者大都对装修本身不懂不精，对质量的担忧也是主观心理因素造成的。第三，这种担忧也是当下的装修市场乱象造成的，装修材料质检不过关现象频出、装修施工非标准化、售后服务无保障等问题都是消费者担心的隐患。这里提示了建材装饰企业需要努力的方向，如何确实解消费者之忧并解决消费痛点，才是竞争胜出的关键。

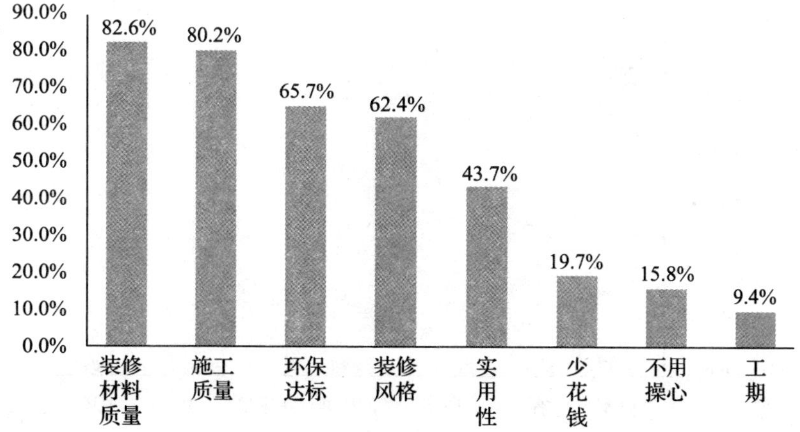

装修关注因素

性别差异会造成对事物的差异化认识，不过在本次调研中，性别在装修关注因素方面大都没有表现出明显差异，只有在装修材料质量方面，男性（85.6%）的选择比例较女性（79.3%）高5个百分点。但其他因素的关注比例，男性与女性消费者相差均不超过5%。

（4）重视空间

家庭空间按功能分主要包括：客厅、卧室、卫生间、厨房、书房等。装修中，消费者对各空间的重视程度存在明显差异。消费者对最重视空间的选择比例较高的包括：卧室（61.5%）、客厅（60.4%）、厨房（55.0%）、卫生间（49.5%）。除此之外的其他空间，消费者的重视度均不超过15%，阳台的重视度更是只有3.6%。继续让消费者对其选中的空间进行关注度排序，排在前四位的依然是卧室、客厅、厨房与卫生间。

可以说，以上四个空间是消费者在家生活最主要的活动区域和使用空间。排在第一位的卧室基本上是消费者使用时间最多的空间，排第二位的客厅则是大多数人最重要的娱乐休闲空间，接下来的厨卫两个空间一是在功能上满足生理需求的必要空间，二也是体现生活舒适度的两个重要空间。

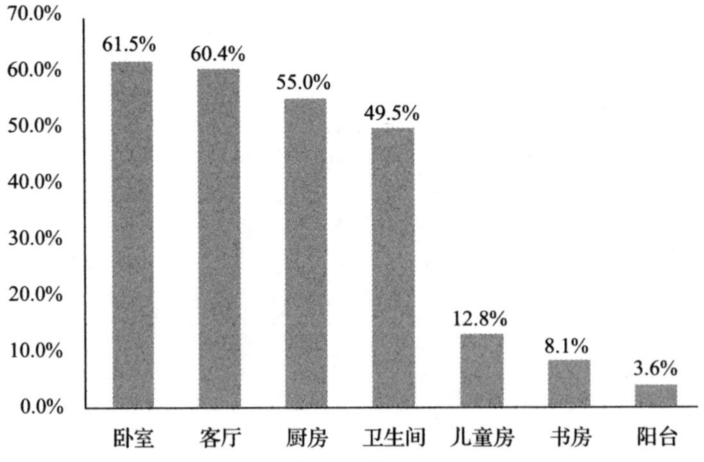

装修中重视的空间

本次调查中，因性别不同而对空间的重视度认知有所差异主要体现在厨房和客厅两个空间上。女性消费者对厨房的重视度（57.8%）明显高于男性（52.5%），男性消费者对客厅的重视度（64.6%）明显高于女性（55.8%）。根据这种重视度上的差异，可以推测在家庭中，厨房的主要使用者为女性，而客厅的主要使用者为男性。

对空间的重视程度在年龄上也存在一些差异。与总体结果不同的是，90后群体最重视的是卧室（81.4%），60后群体最重视的是卫生间（62.7%）。另外，80后群体对儿童房的重视度明显高于其他年龄段。这些结果其实都给各年龄段贴上了鲜明的标签：90后是“享受宅”，80后是“养娃族”，60后则是“实用派”。这些明显带有年龄特征需求都提示建材设计企业，需要有针对性的产品与服务解决方案。

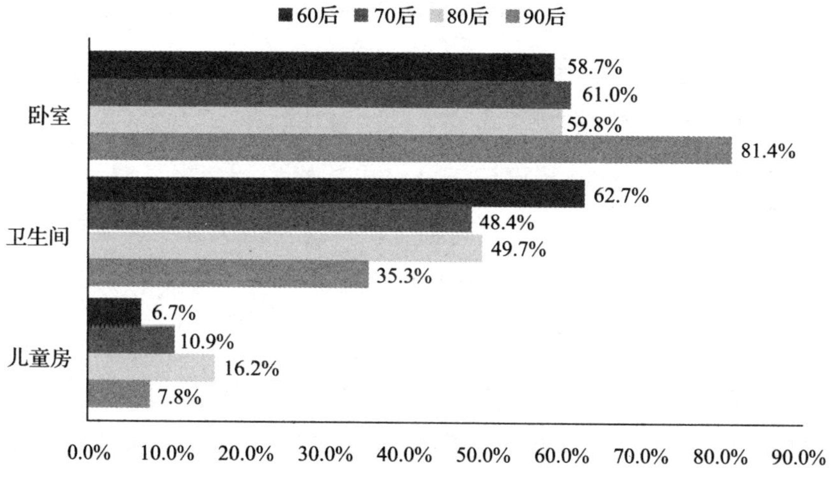

年龄对装修空间的重视程度差异

（5）工地跟踪

从前面的分析中，我们已经发现消费者对于施工质量的关注度很高，这种关注体现在行动上就是消费者对于施工现场的跟踪频率。此次调研中，每周3次以上去施工工地的消费者有37.9%，每周去2～3次的有39.0%，也就是说，有76.9%的消费者每周至少去两次工地。仅有1.4%的消费者选择了基本上不去工地。这种高频率的工地追踪无疑是关注施工质量的最直接表现。

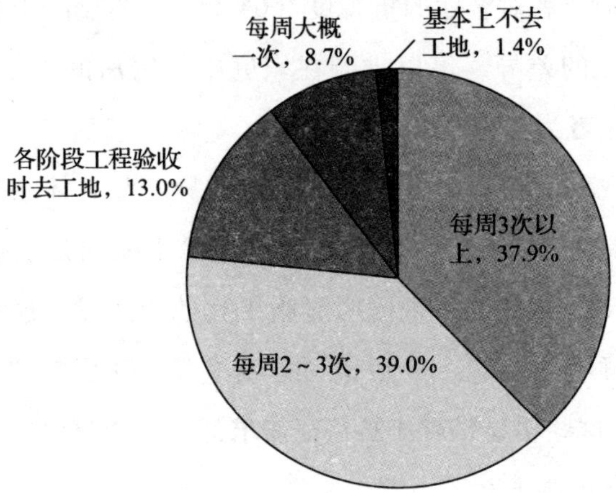

工地跟踪的频率

处于不同装修阶段的消费者对施工跟踪的看法或做法也存在明显差异。准备装修的消费者选择“每周3次以上”的选项的比例（22.1%）明显低与正在装修消费者（37.5%），更低于已完成装修的消费者（51.2%）。而在“各阶段工程验收时去工地”和“每周大概一次”两个选项上，则是准备装修消费者的选择比例最高，其次为正在装修消费者，最低的为完成装修消费者。

这些差异很真实地还原了装修过程中消费者的心态及行为上的变化，也表明了装修过程的不确定性和复杂多变性。施工正式开始时，消费者往往要随时增加对工地的探访次数，只有通过与施工人员的密切互动才能切实地推进装修进程。

所以我们就会看到，准备装修期间对于工地跟踪频率的预期低；而随着装修的进行，消费者对施工现场的跟踪也会更加频繁；当装修完成时，发现实际工地跟踪频率已成最高。由此可见，对于施工过程，多数消费者都会投入大量的时间和精力。

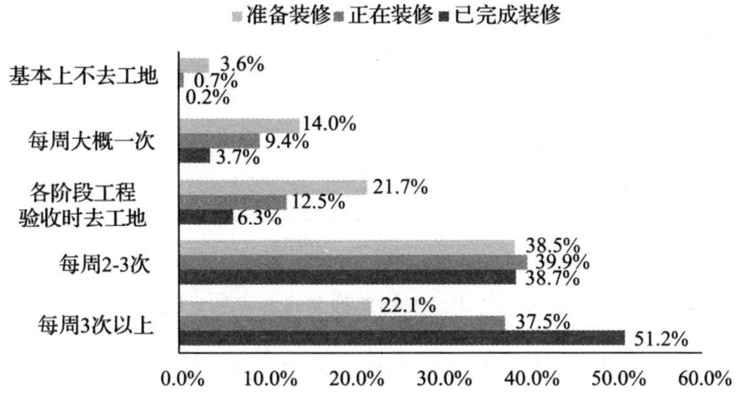

不同装修阶段群体的工地追踪频率

另外在“每周 3 次以上”的最高频工地跟踪选项上，不同性别和年龄群体也存在显著差异。相较于男性消费者（34. 5%），女性（41. 7%）会更多地探访工地，这体现了女性更加细致的性格特征。而随着年龄的增加，消费者进行高频工地跟踪的比例就越大。60 后群体有 56. 7%，90 后群体只有 30. 4%。

三、装修服务选择

1. 装修服务选择

从已经装修的消费者群体来看，大部分的消费者都会选择装修公司来进行装修，49% 的消费者对装修公司的名字印象深刻，然而 40% 的消费者却记不清装修公司的名字。没有选择装修公司的比例为 10%，其中有 4. 5% 的消费者会选择装修队，剩下 5. 5% 的消费者会自己找工人进行装修。

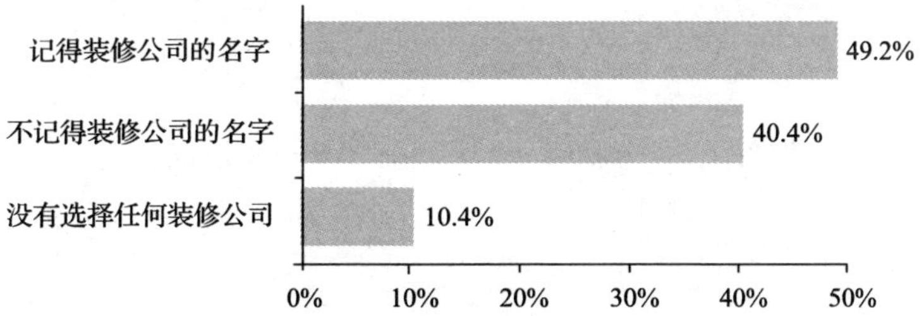

已经装修者对装修公司的选择

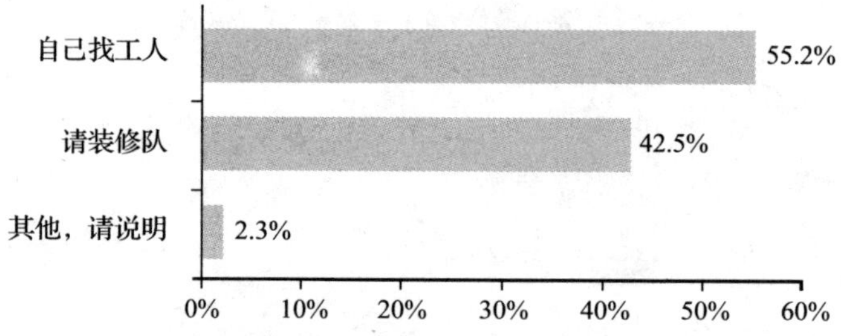

已经装修者中选择其他装修方式的比例

对于准备装修者来说，超过四成的消费者会选择知名装修公司进行装修，超过三成的会选择一般装修公司，还有一部分消费者会选择互联网家装公司和装修队。

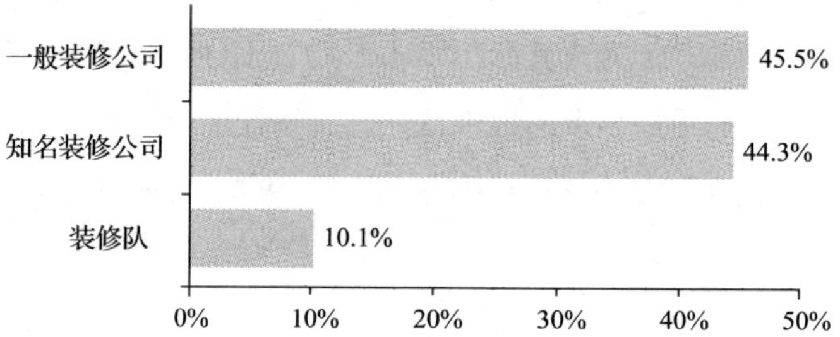

准备装修者中选择其他装修方式的比例

总体来看，已装修消费者中选择装修公司的比例高达89.6%，准备装修的消费者对装修公司的选择比例也是高达89.9%。由此可见装修公司在装修市场的优势已经无可比拟，装修队等其他装修方式则弱势明显。装修时使用“装修公司进行装修”的观念似乎已深入人心。

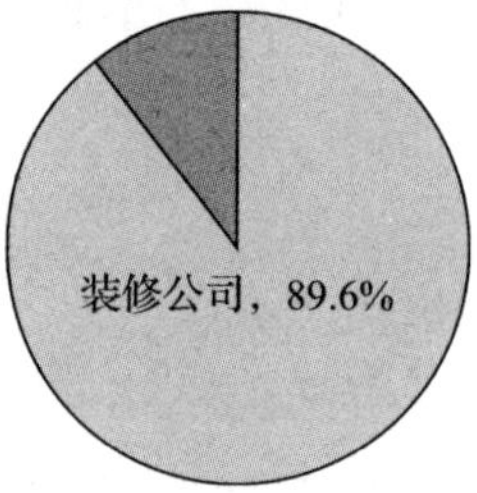

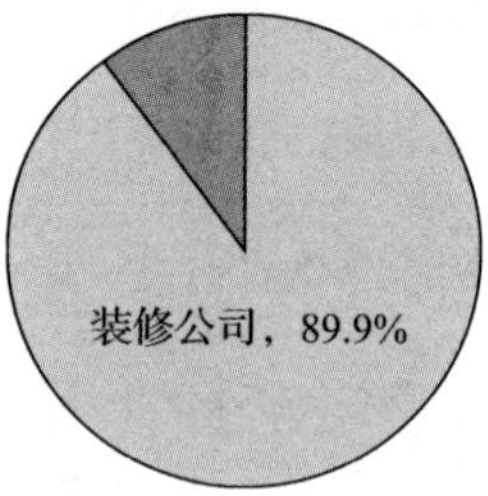

已装修的消费者装修公司选择比例 **准备装修的消费者选择装修公司比例**

2. 装修方式的选择

消费者对装修方式的选择主要集中在全包和半包上，对于已经装修的消费者来说，选择全包和半包的消费者的比例相差不大，而选择清包的比例最低，仅为5%。已经装修的消费者与计划装修的消费者最大的区别是，计划装修的消费者选择半包的比例明显低于已经装修者，原因是接近12%的消费者对全包、半包、清包不太了解。可能这部分消费者是第一次装修，对装修没有太多经验，需要周围朋友或者环境的引导来选择相应的装修方式。

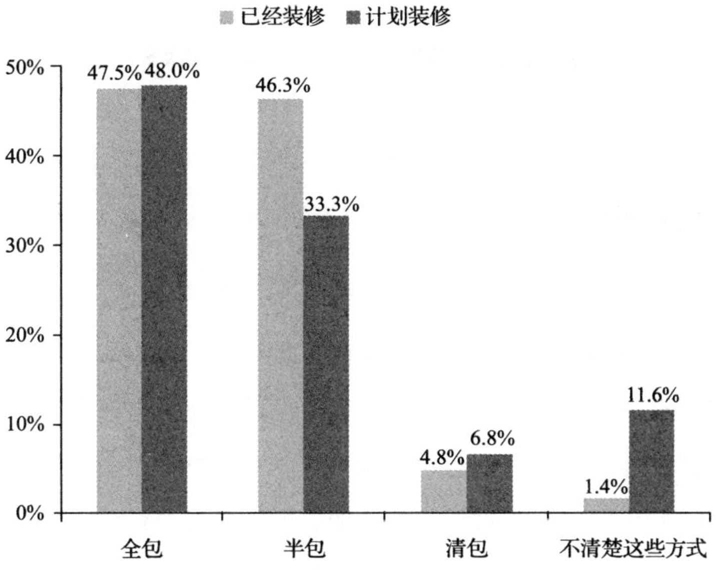

装修方式的选择

3. 装修方式和装修公司的影响因素

消费者选择装修方式和装修公司时，往往会受到其他因素的影响，一般来说，对消费者影响最大的是社交圈朋友的作用，超过三成的消费者会因朋友的介绍而选择某种装修方式或装修公司，还有接近两成的消费会通过装修公司的样板间来确定装修公司。另外，互联网家装发展越来越快，有部分消费者会通过网络来获取信息，并确定装修方式和装修公司。

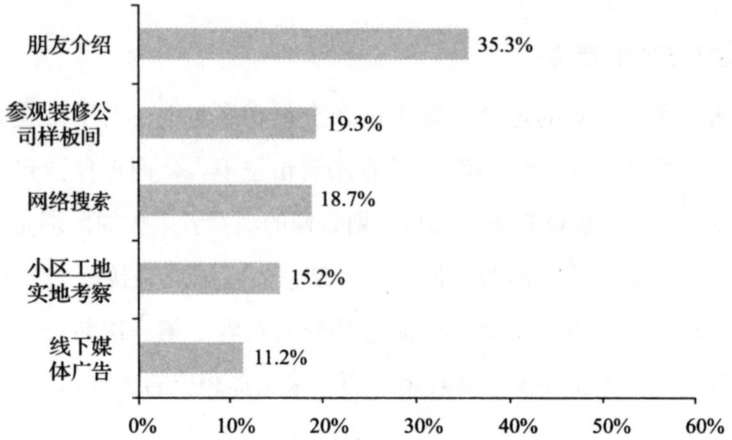

消费者选择装修方式和装修公司的影响因素

四、装修设计

1. 设计师的选择

对于已经装修的消费者来说，大部分消费者会选择装修公司来进行装修；那些没有选择装修公司的消费者一般会自己进行设计，比例为64%；另外还有21%的消费者会自己另请设计师，比例不大。除此以外，14%的消费者不会请设计师进行房屋的装修设计。这表明，消费者对装修设计的重视程度不是特别高，他们往往愿意跟随自己的内心来进行设计。

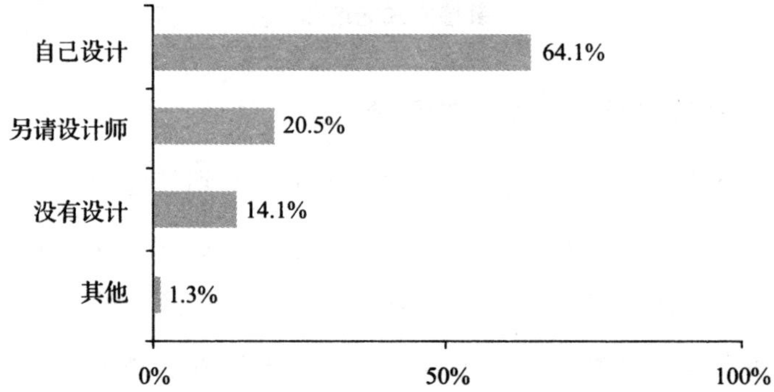

消费者选择设计师的比例

2. 设计风格的确定

在已经装修的消费者中，49% 消费者确认设计风格的时间在 1 个月到 2 个月之间，只有极少数的消费者会超过 3 个月（见图）。消费者选择设计风格时，灵感主要来源于各种装修效果图、装修公司的样板间和设计师的建议，其中选择各种装修公司的效果图进行装修的比例最高，为 36%。

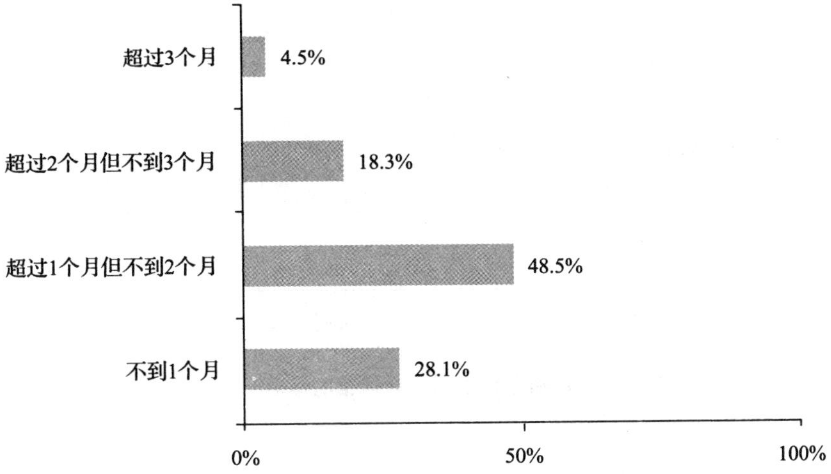

确认设计风格的时间

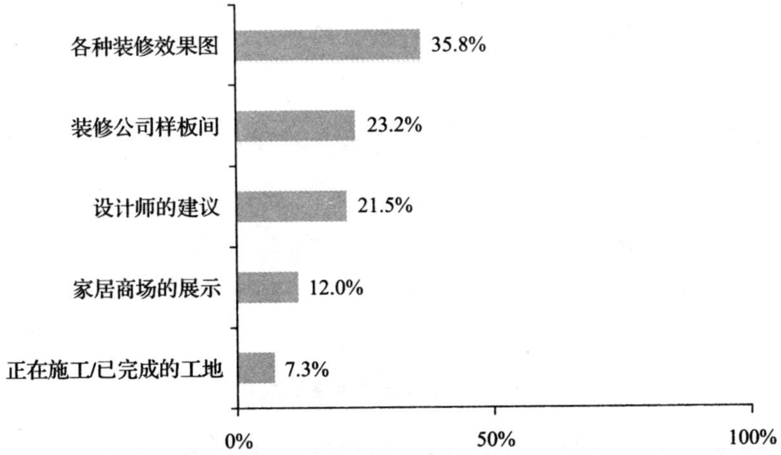

设计风格的信息来源

近6成准备装修的消费者对装修设计风格没有清晰的概念。他们对装修风格的决策更易受外在环境或其他因素的影响，一般要通过装修效果图或参观朋友家的房子才能确认自己的装修设计风格。

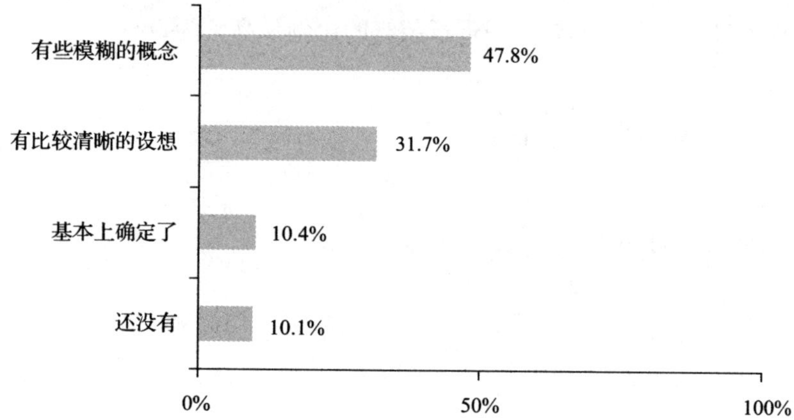

准备装修者对设计风格的概念

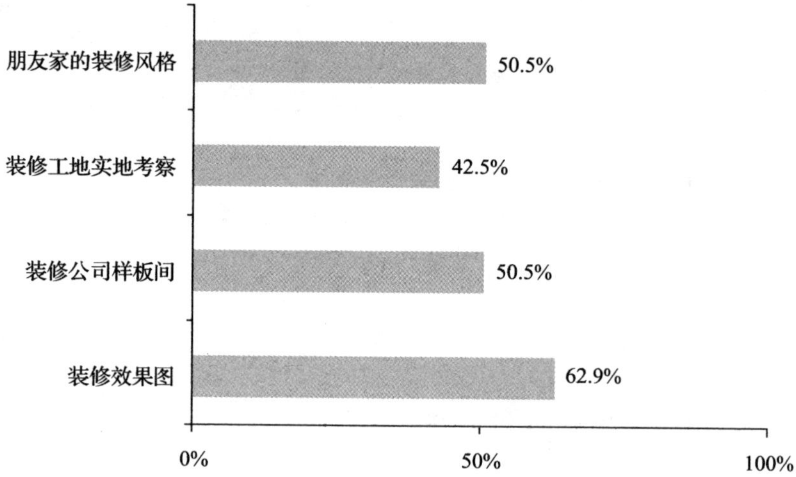

准备装修者对设计风格的概念

结合已经装修和计划装修的消费者对装修风格的看法，可以看出，消费者在装修过程中认为对决定装修设计风格帮助最大的是装修效果图。大部分的消费者在装修之初对设计风格所知甚少，所以他们迫切需求通过装修效果图或朋友家的装修风格来为自己家的装修提供借鉴。

消费者最终确定的装修风格以现代风格居多，其次是简欧风格和新中式风格。选择美式风格的最少，仅为4%。另外，对于准备装修者而言，极少数的消费者对装修风格没有一个确定的概念或者根本不太清楚自己喜欢何种装修风格，只有看到了装修效果图才能确定自己会选择何种装修风格。这也说明了消费者在装修时，对装修风格了解得太少，难以决策，只有见到了效果图才能确认自己心目中的家应该是什么样子。

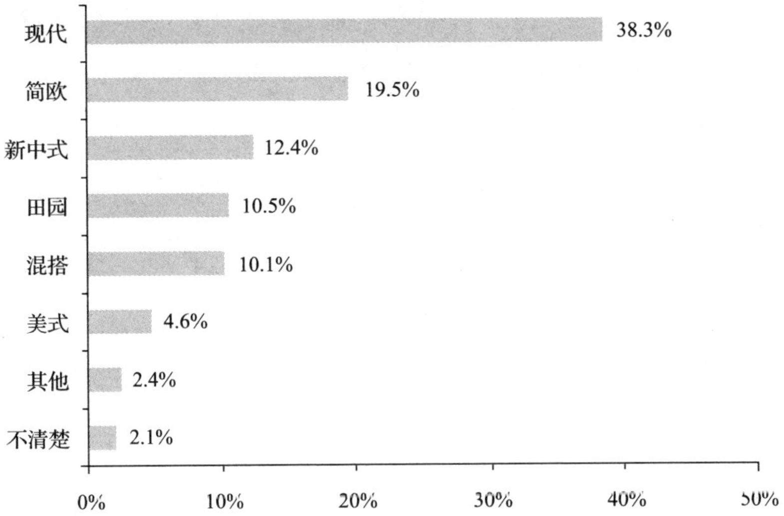

装修者选择的设计风格

五、装修材料、家具和软装产品购买及影响因素

1. 信息渠道

装修用户收集和了解装修产品信息的渠道可以分为三大类，即线上渠道、线下渠道和线上线下双渠道。

1）线下渠道包括家居商场、各种促销活动现场、线下广告、朋友介绍、装修公司设计师推荐等。

2）线上渠道包括电商平台、线上广告等。

(1) 信息渠道数量：多渠道占主流

在信息渠道数量方面，装修材料和家具及软装产品非常相似。具体表现为，消费者在收集装修类产品和家具信息时，以多渠道为主，大部分消费者选择使用的渠道数量在3个左右。选择单一渠道的用户的比例为10%~11%，选择2~4种装修渠道的用户比例接近75%~80%，而收集5~6种装修信息的用户不足10%。

目前，市场上各种家装类产品的信息铺天盖地、繁杂错乱，消费者难以一一甄别，故大部分消费者会将主要精力集中在2~4个装修信息渠道上，既不会仅仅选择单一渠道进行选购，也不会盲目地采纳所有信息。

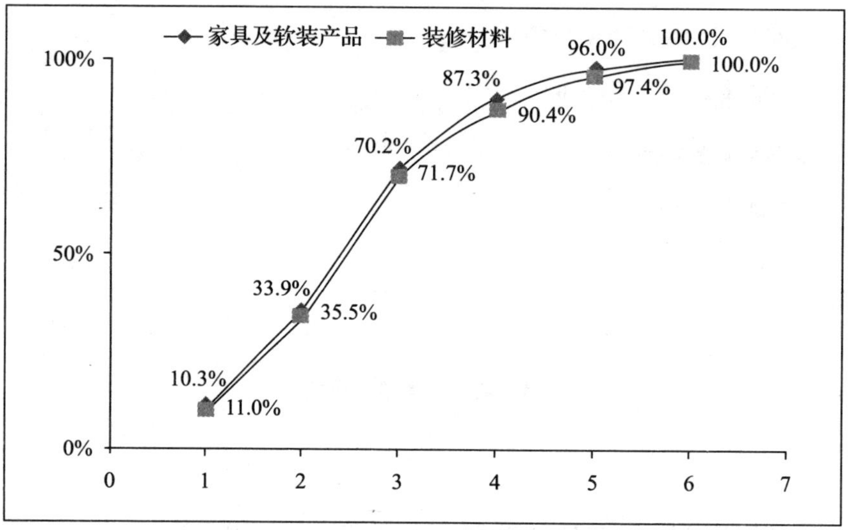

装修材料信息渠道个数累计百分比图

(2) 信息渠道特点：线下渠道占比大

随着互联网时代的迅速发展，互联网营销已经成为21世纪营销模式的新宠。截至2016年6月，我国网民规模达到7.10亿，互联网普及率为51.7%，较 2015 年年底提升 1.3 个百分点。越来越多的消费者更倾向于在网上收集产品信息和选购，这给传统的营销模式带来了一定的冲击。

总体来看，不论是装修材料还是家具及软装产品，消费者选择家居商场、朋友介绍、促销活动现场、线上广告、线下广告等信息渠道的比例接近。在信息渠道方面选择较多的是线下渠道。其中，选择装修材料时，经家居商场、装修公司或设计师推荐、朋友介绍的比例分别为 62%、55% 和 48%，而选择电商平台和线上广告的比例为 37% 和 30%，远远低于线下渠道。

从装修材料和家具及软装产品的对比来看，消费者对装修公司或设计师推荐的装修材料的认可度高于家具及软装产品，两者认可度之差为 12%，而在线上商城，对家具及软装产品收集和了解信息的比例高于装修材料，两者之差为 9%。这表明，消费者平常对于装修材料这类产品关注度不是特别多，在选购时往往愿意倾听专业人士的意见；同时对于家具及软装产品，考虑到线上选购的便捷性，消费者在线上收集信息的比例相对较高。

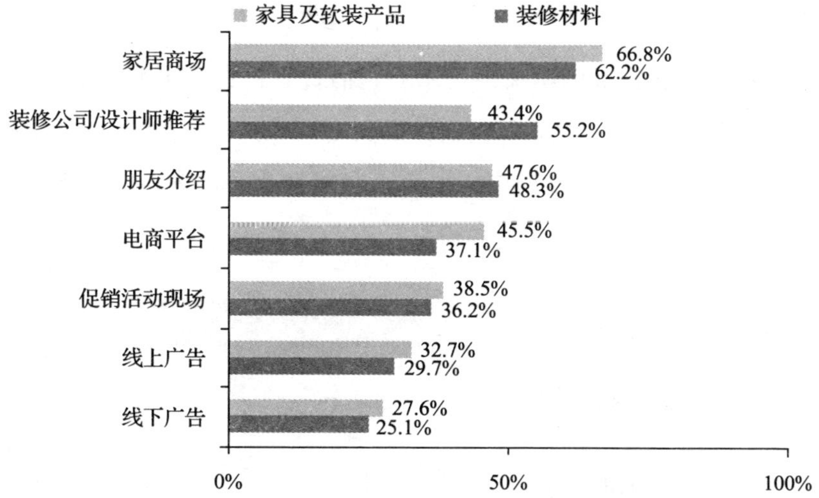

消费者获取装修材料和家具及软装产品信息的主要渠道

从整体上来看，不论是了解装修材料还是了解家具及软装产品，线下渠道和线上线下双渠道两者之和均超过 98%。而对于纯线上渠道，所占比重均小于2%，几乎可以忽略不计。由此表明，消费者对于纯线上收集装修产品的信息持非常谨慎的态度，未来越来越多的消费者将由线下收集信息逐步迈向线上线下双渠道的阵营中。

另外，由于装修材料和家具及软装产品的差异，在线上线下双渠道收集家具及软装产品信息的比例高于装修材料，而线下渠道低于装修材料。

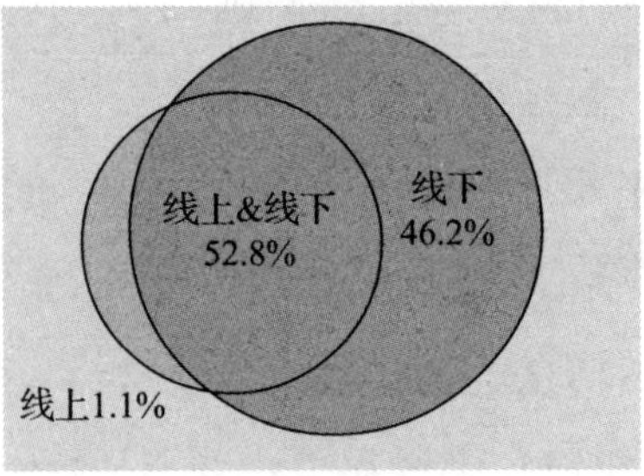

消费者获取装修材料信息的三大渠道

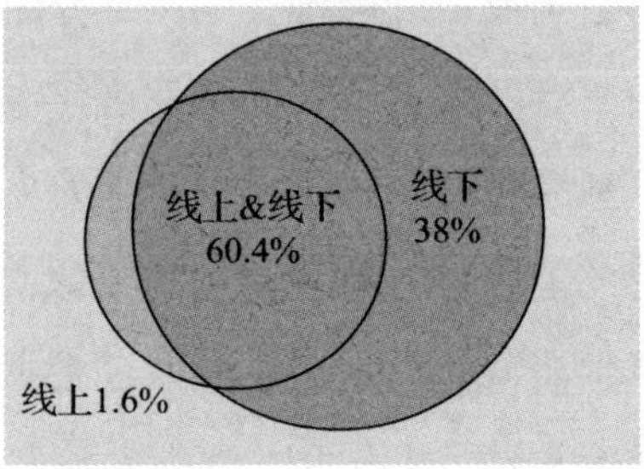

消费者获取家具及软装产品的三大渠道

2. 购买渠道

(1) 购买渠道的整体特征：以线下渠道为主

1) 从购买装修产品的购买渠道来看，消费者选择线下购买的比例居多，选择去家居或装修材料市场购买的占比最高（77%），选择找装修公司或装修队购买的比例为41%，而在网上购买的比例为30%。由此可以体现出，消费者更青睐于通过线上渠道购买装修材料。

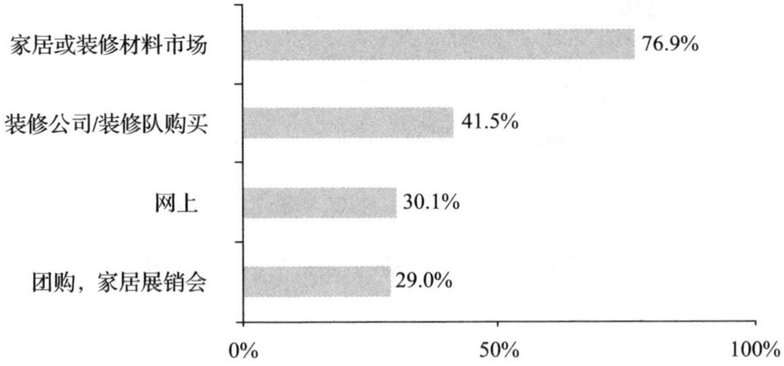

消费者购买装修材料的渠道

从消费者了解和购买装修材料的渠道对比来看，消费者在线下获取装修信息的比例明显少于购买装修材料的比例，两者之间相差近 24%；而消费者在线上线下双渠道获取装修材料信息的比例明显高于购买的比例。

以上数据表明，消费者在收集装修信息的前期阶段，往往会通过线上线下双渠道对装修产品的信息进行全面深入的了解；在购买过程中，通过线上线下双渠道获取信息的部分消费者会向线下渠道转化。另外，纯线上了解信息和购买的比例都非常低，所占比重微乎其微。这表明，当今消费者在收集装修类产品信息和选购产品时，并不热衷于在纯线上渠道收集信息和购买产品。商家只有真正结合线上和线下的优势，做到线上线下一体化，提升转化率，才会赢得消费者的认同。

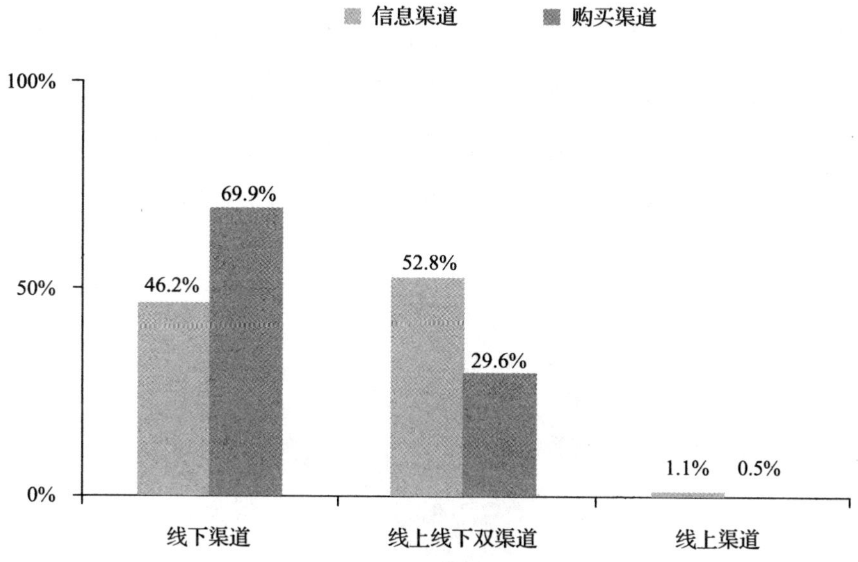

装修材料信息了解渠道和购买渠道的对比

2）从购买家具及软装产品的种类来看，消费者购买最多的还是家具和灯饰，所占比例分别为 87% 和 85%。

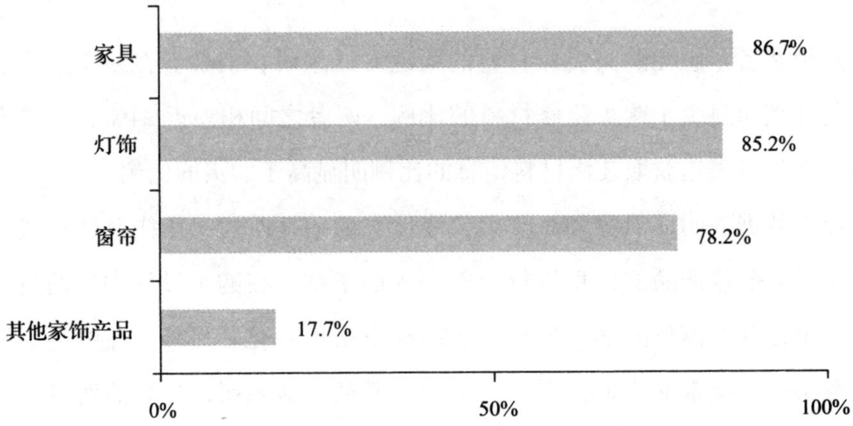

家具及软装产品的购买种类

从家具及软装产品的购买渠道来看，消费者购买家具及软装产品的渠道一般为2.08个，购买渠道超过3个的几乎没有。消费者在线下购买的比例较大，其中家居商场占比76%；其次是生活家居用品专卖店，比例为56%；而在网上和超市购买的比例分别为40%和13%。这表明，消费者在选购家具及软装产品时，往往不会花太多心思去多个平台选购自己喜爱的家具产品，他们可能更钟情于专业的家居商场和专卖店，而对于综合性的超市不是特别有兴趣。

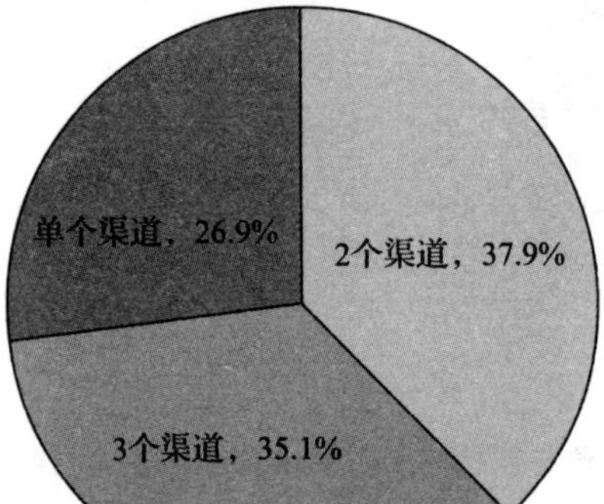

购买家具及软装产品的渠道数量分布

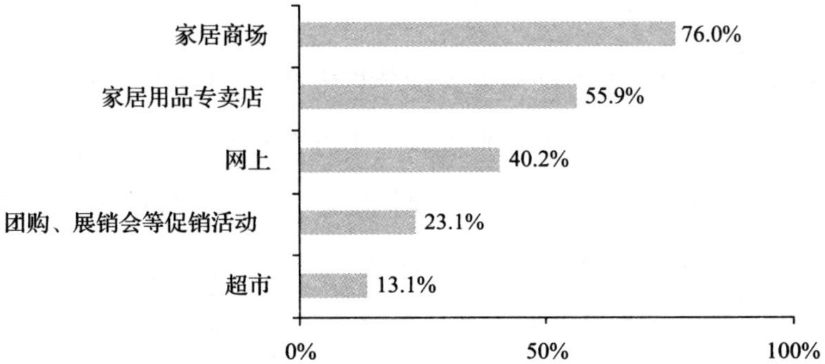

购买家具及软装产品的渠道

从消费者对家具及软装产品的认知来看，在前期收集家具及软装产品的信息过程中，消费者主要是通过线下渠道和线上线下双渠道来收集和了解信息，且通过线上线下双渠道比例远远高于线下渠道，是线下渠道的 1.6 倍。而在购买阶段，消费者也主要是以线下和线上线下双渠道为主，但与信息收集阶段相反，线下购买的比例是线上线下双渠道的 1.6 倍。

这一现象表明，在前期信息收集阶段，消费者比较青睐于线上线下双渠道，他们结合线上线下的多种优势来对家具及软装产品的质量、材质、风格样式进行逐一对比。而在后期购买阶段，出于对线上渠道的质量、售后、安装等方面的顾虑，消费者会转向更让人信赖的线下渠道。

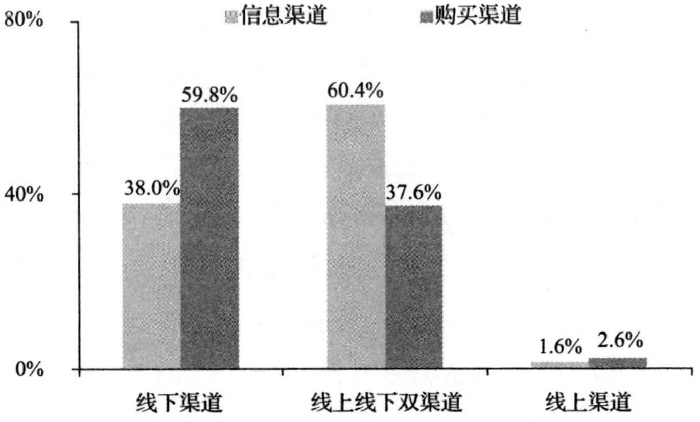

家具及软装产品的信息渠道和购买渠道对比

（2）购买渠道的时间周期：主要集中在1~3个月

采购全部装修材料的时间周期大部分集中在1~3个月，而在1~2月之间的比例为47%。装修是个繁琐而漫长的工程，在整个装修过程中，需要购买的装修产品的种类、材质、款式多种多样，消费者在选购周期上难免需要相互权衡才能下定决心购买。

（3）购买渠道的关注因素：多因素考虑，品质第一

消费者在购买装修材料、家具及软装产品时，所考虑的因素分别为3.29和3.11个，这说明他们对装修材料和家具软装产品的购买决策是一个多因素综合考虑的结果，且购买装修材料的考虑因素略高于家具及软装产品，两者对于各个考虑因素的认知度基本一致。

消费者不论是购买装修材料还是家具及软装产品，关注度最高的依然是产品质量问题，占比为75%~76%，最低的是朋友介绍，占比27%。这表明，随着中国消费者的收入水平和消费能力显著增长，人们对高品质产品的诉求也不断提高，并不会因为传统的人际关系而盲目地去购买一些质量不好的产品。

另外，企业在做产品推广时，应让消费者对产品品质留下更深的印象，同时将自身产品的优势推广出去，这不仅有利于打造企业品牌在行业内的引领地位，还有助于消费者对企业品牌产生好感，进而提高转化率。

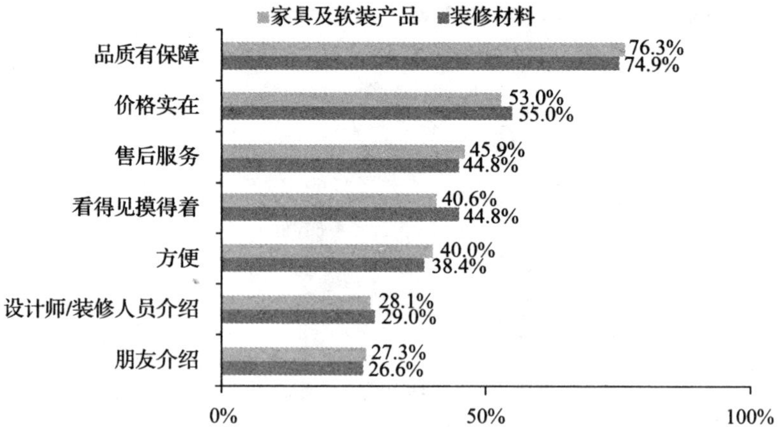

消费者购买装修材料和家具及软装产品时的考虑因素

（4）购买渠道的行为模式：线上线下一体化

消费者购买家具及软装产品的行为模式与购买装修材料的行为模式基本类似，唯一的区别是家具及软装产品的纯线上购买比例高于装修材料，为11%；而装修材料仅为6%。

消费者选择线上线下双渠道购买的占比最大，为49%～53%。这表明，消费者对装修产品的购买方式不再仅仅局限于传统的线下购买模式，而是充分利用互联网的优势向线上线下双渠道过渡。随着苏宁等原线下电器卖场在线上渠道的发展，它们已经具备了非常成熟的线上销售流程，故消费者会综合考虑线上线下的优势进行选购。

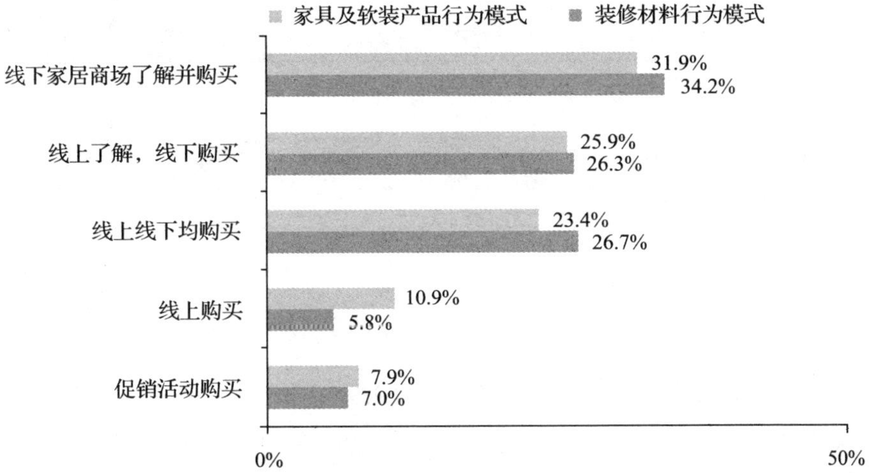

消费者购买装修材料和家具及软装产品的行为模式

1）装修材料行为模式的线级差异。

从不同城市消费者购买装修材料的行为模式来看，随着城市级别的提升，线下家居商场和参加各类促销活动购买装修产品的比例逐渐降低，并且在线下家居商场购买的比例远远高于各类促销活动。三线城市在家居商场了解和购买装修产品的比例为36%，而在各种促销活动上购买的比例约为 9% 。

通过线上线下双渠道了解和购买的比例约为 50% ~60% ，其中一线城市占比最大，超过 60% ，其次是二线城市和三线城市。这表明，大部分消费者越来越钟情于线上线下双渠道的购买行为模式。另外，在所有城市中，线上购买的比例均较低，远远小于线下和线上线下双渠道。

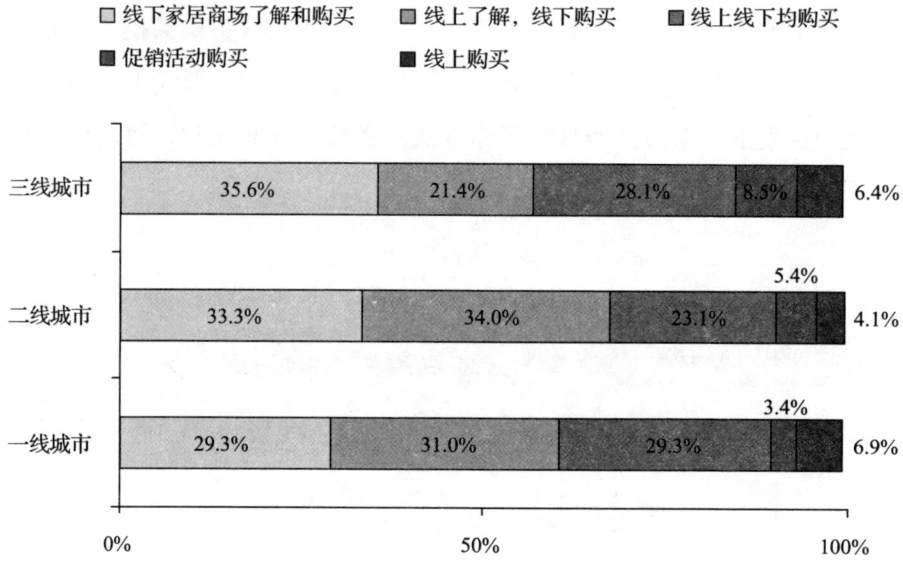

装修材料行为模式的线级差异

2）家具及软装产品行为模式的线级差异。

从不同城市消费者购买家具及软装产品的行为模式来看，二线城市在线下家居商场和线上搜索家具产品信息，然后到线下商场购买的比例最高，均在 30% 以上；而一线城市在线上收集信息、线下购买的比例最低，为 19% ，低于平均水平。

这表明，一线城市由于工作压力大、时间成本高，没有充足的时间在线上了解再去线下购买，他们或是直接在线上订购，或是直接在线下购买。

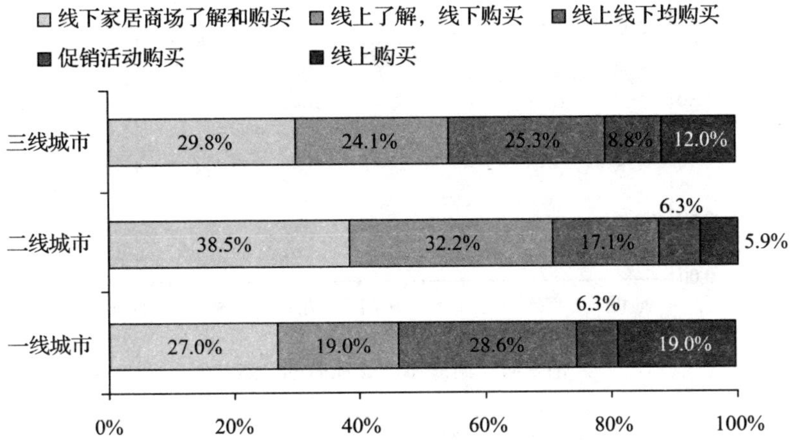

家具及软装产品行为模式的线级差异

由此可见消费者在选购装修和家具类产品时，从信息渠道到购买渠道，接触的信息量之大、范围之广。在收集信息的前期阶段，主要通过多渠道收集信息，以线下和线上线下双渠道信息为主；在购买阶段，选择线上线下双渠道收集信息的部分消费者会转向线下购买。在整个收集和选购装修产品的过程中，纯线下收集信息和购买的占比都较低，这表明，对于装修和家具类产品，消费者从传统的线下购买慢慢渗入线上线下一体化。

六、品牌认知

1. 装修材料

装修材料品类繁多，此次调研我们主要考察了地板、瓷砖、卫浴、木门、吊顶、橱柜、涂料七大品类的消费者品牌认知情况。

我们请消费者通过主观题的方式填写自己所知道的品牌，其中，每个品类了解 1 ~2 个品牌的是主流，绝大多数消费者知道的品牌数量不会超过 3 个。这说明在购买装修类产品时，很多消费者对品牌没有太多概念。其中，知道地板、瓷砖、卫浴和橱柜品牌的个数相对较多，均在 1. 95 以上；而知道木门、吊顶及涂料产品关注的品牌个数则相对较低。

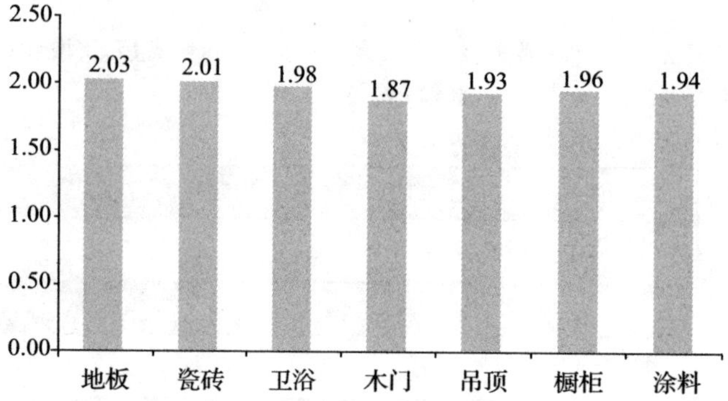

消费者了解装修产品品牌的个数

2. 品牌数量

从装修材料的七大细分品类来看，由于地域、环境的差异，不同消费者所知道的各个细分品类品牌有所不同。七大细分品类中，消费者累计知道的品牌的数量多达百余种，品牌最庞杂的是地板（166 个）和木门（135 个），品牌相对集中的是吊顶（91 个）和涂料（89 个）。

在同品类装修材料的品牌中，消费者知道一个品牌的占绝大多数，平均占比为56%；其次是两个品牌，平均占比为22%；两者之和近80%。这表明，大部分消费者对各品类装修材料的具体品牌的了解不是特别多，他们最多能对各品类的2～3 种品牌留下较深刻的印象。究其原因，第一是因为市场上品牌众多，消费者难以一一辨识；二是因为各品牌没有强有力的优势，难以给消费者留下特别深刻的印象。

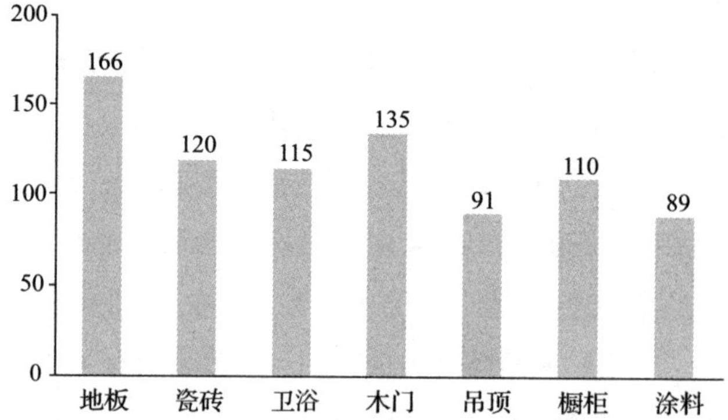

消费者所知道的各个品类装修材料的品牌数量总和

消费者所知道的各个品类装修材料的品牌数量的百分比表

知晓品牌数量 \ 产品品类	地板	瓷砖	卫浴	木门	吊顶	橱柜	涂料
1 个品牌	51%	53%	56%	60%	57%	58%	58%
2 个品牌	24%	23%	20%	21%	25%	24%	22%
3 个品牌	14%	14%	14%	11%	9%	11%	10%
4 个品牌	6%	6%	6%	4%	6%	3%	5%
5 个品牌	3%	2%	1%	2%	1%	2%	2%
6 个品牌	2%	2%	2%	2%	2%	2%	1%

七、装修体验

1. 装修过程

(1) 装修时间

装修是个漫长而繁琐的工作，装修时间一般长短不一，短到一个月，长达半年，但80%的消费者的装修时间为1.5~3个月不等。

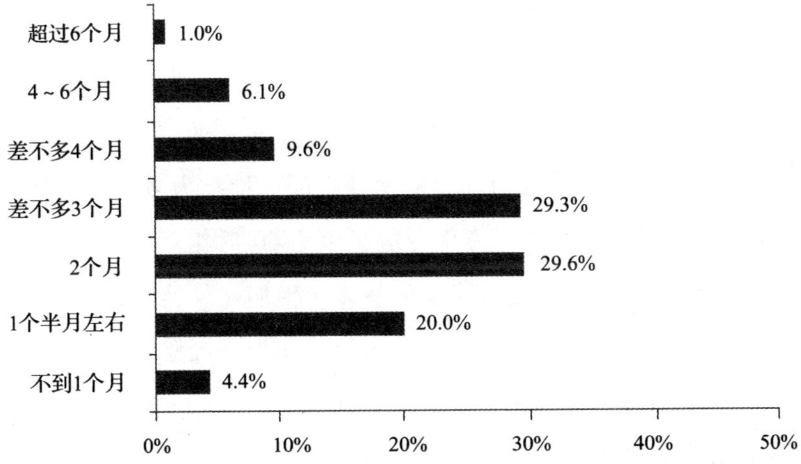

装修时间

（2）装修实际花费与预算的关系

根据对已完成装修消费者的分析，对比他们的实际支出与装修预算可以发现，超过一半的消费者能合理地控制支出，实际支出基本与装修预算吻合。大概四成消费者的实际支出超出了预算，只有极少数的消费者的实际支出小于预算。以上表明，过半消费者都能根据自身的消费预算进行合理的装修，不会铺张消费。

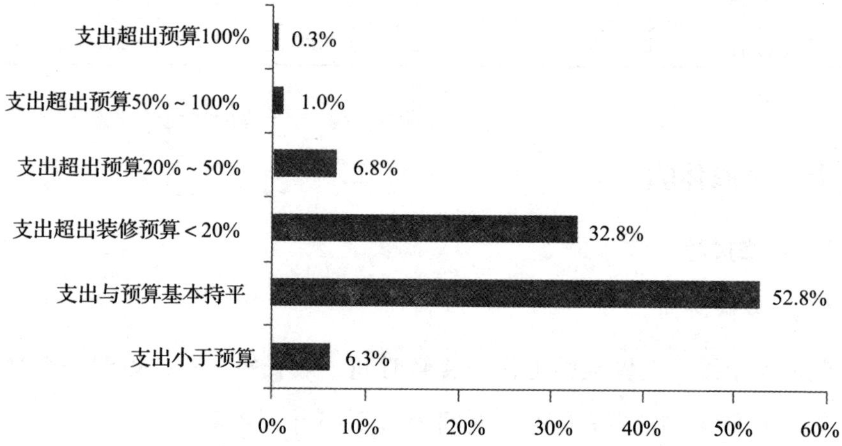

实际支出与装修预算对比

从不同年龄的消费者来看，最理性的消费者60后当之无愧，七成60后的实际支出与装修预算都能基本持平，同时还有12%的消费者的实际支出小于装修预算。80后和90后相对而言对消费金额的把控力较弱，过半的80后和90后都会超过装修预算。一方面原因是因为60后相对比较有经验，同时对装修材料、价格、产品等信息了解得较多，他们往往能根据自身需求合理地制定预算和消费。而80后和90后因为装修知识和经验的欠缺，同时他们追求个性化、多样化需求，在装修过程中往往容易头脑发热、盲目消费，故而超出预算的概率较大。

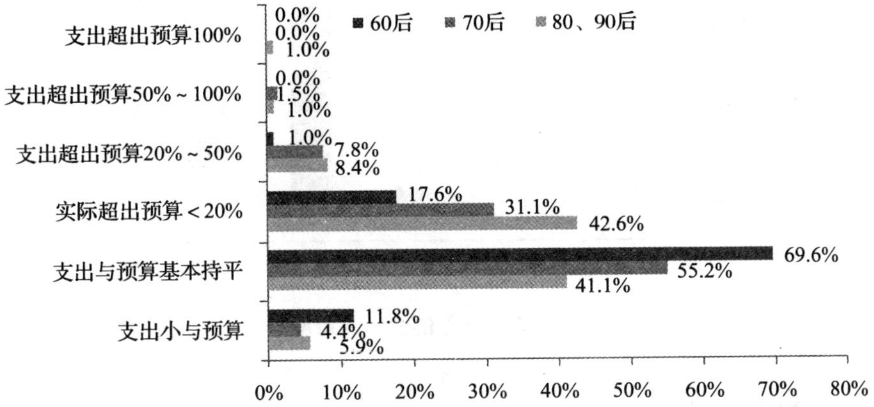

实际支出与装修预算对比的年龄差异

2. 装修评价

对重点关注的影响家庭装修的8大因素进行分析。围绕消费者在装修完成后的评价，以打分制的方法了解消费者对8大因素所表现的满意程度（1＝非常不满意，2＝不满意，3＝一般，4＝满意，5＝非常满意）。

从消费者对装修的评价来看，消费者的整体满意度较高。93%的消费者的满意度在4分及以上，4分以下的仅为7%，总体满意度得分为4.19分。可见消费者对装修整体还是较为满意的，但是装修过程中难免会出现一些不尽如人意的地方。

从各细项来看，满意度最高的为设计风格和家具，满意度评分分别为4.23分和4.22分，高于平均满意度。而满意度最低的是工期和装修支出，分别为3.85分和3.87分，低于总体的满意度。装修材料产品、软装及灯饰、施工质量等则居中。以上表明，消费者在装修过程中最在意的是工期和装修支出，为了进一步满足消费者的需求，装修公司、装修队或互联网家装公司应抓住消费者的关注点，从这两方面着手提升服务质量和品质，必会提升自身的竞争力和市场份额。

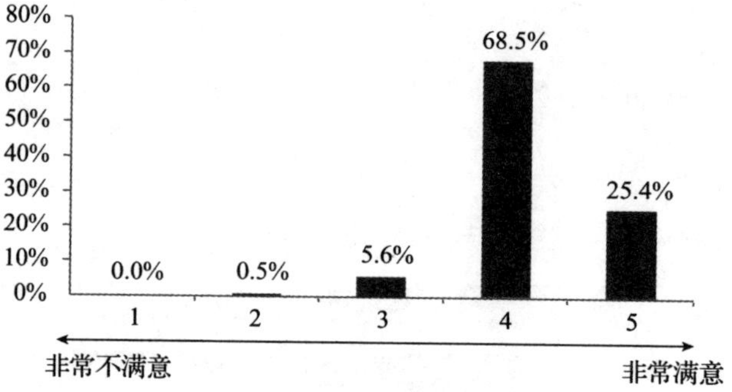

消费者对装修的整体满意度

3. 装修主观感受

买房是人生中最重要的大事之一，而装修又与人们的日常生活密切相关，直接影响着我们的生活品质和心情。装修是大事，更是烦心事。装修效果满意，皆大欢喜；不满意，满腹牢骚，影响生活。

经过统计与分析，装修后消费者最高兴的事情是省时省力、工期快，对装修风格也较为满意。同时，在装修过程中，消费者也乐于见到装修师傅尽心尽力，施工质量好，并能设身处地为消费者考虑。这表明在装修的过程中，消费者最为看重的是装修效果和工期，因为装修是个漫长的工程，绝不是一两天能完成的，如果装修公司、装修队或互联网家装公司能充分为消费者考虑，保证质量和工期，就必定会得到消费者的好评。

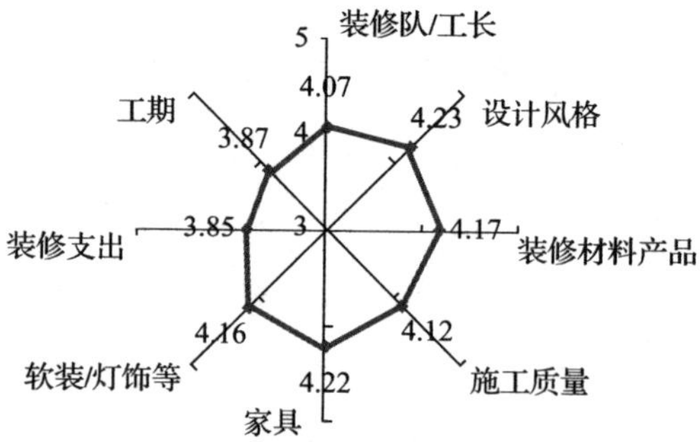

消费者对装修各细项的满意度

相反地，装修过程中令人比较气愤的是施工人员不按标准施工、购买的材料不匹配、预算超支、施工质量不好、工程返工等。

如果再次给消费者一次装修机会，他们希望在有些方面有所改变：一是计划装修之前多考察，货比三家；二是装修合同更加细化、明了清楚；三是装修风格的改变，他们可能会选择正规的装修公司，请专业的设计师进行装修风格的设计，或者在装修风格确定之前多多考察；四是能够按时完成装修，不延误工期。

4. 装修观点

大部分人在装修时都有自己的想法，几乎每个人的装修需求都有所差异。以下通过消费者的各种装修观点来反映消费者的不同需求，以打分制的方法了解消费者对 22 个装修观点的认可程度（1 = 很不认可，2 = 不认可，3 = 无所谓，4 = 认可，5 = 很认可）。

从消费者对装修观点的认知度来看，消费者对所有装修观点的平均认可度为 3. 61 分，认可度评分在 4 分以上的有 5 项。其中，线下购买装修材料和家具最受消费者的认可，认可度得分为 4. 16 分；消费者为了自己满意的装修风格和环保愿意多花钱，两者的认可度评分均为 4. 1 分；只要质量好，工期长也没关系。同时，消费者也乐意花较多时间在网上了解装修知识。以上表明，消费者对产品的品质和房屋的装修风格都比较关注，他们愿意事先在网上多做功课以了解装修知识，也接受多花钱来保证装修材料的质量，这说明消费者在装修的过程中崇尚的是一个质和貌的保证。

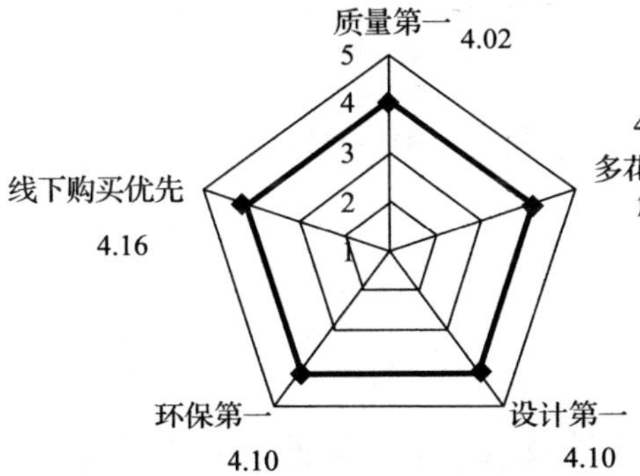

装修观点认可度

以下是消费者的装修观点认可度高于平均认可度的几个方面，从图中可以看出，消费者认为能有第三方监理监督装修进程比较好，这样能保证工程的顺利推进和装修质量。

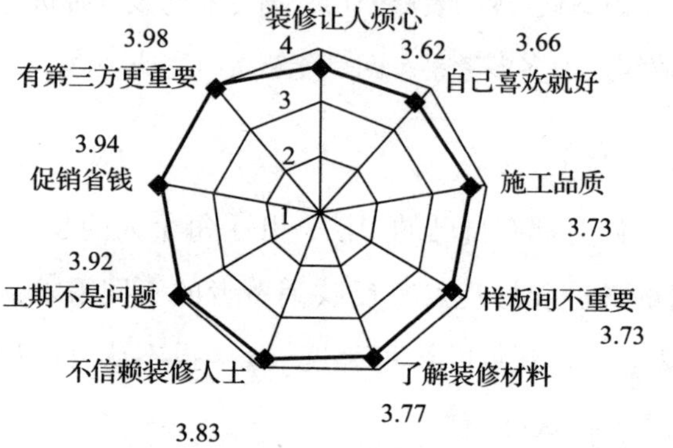

高于平均认可度的一些装修观点

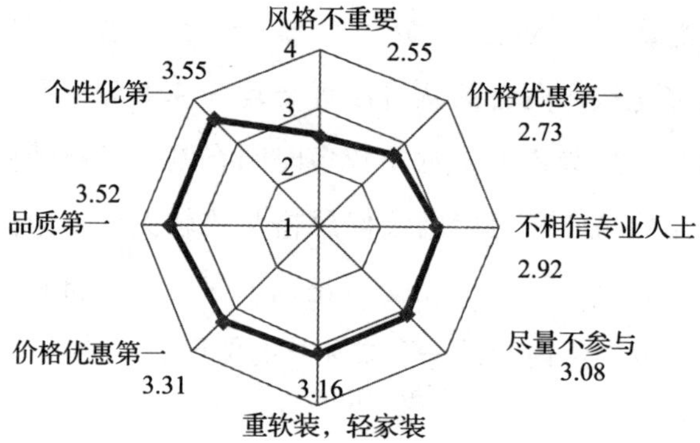

装修观点认可度

八、互联网家装

近几年来互联网家装飞速发展，给传统的装修方式带来了一定的冲击。互联网一系列独特的优势弥补了传统家装的不足。首先，最为明显的优势是省时省力，其次是省钱。但也有部分消费者认为互联网家装仅仅是个噱头而已，并且互联网家装都是标准化的装修流程和材料，可供选择的材料较少，并不能在所有方面都满足消费者的个性化和定制化需求。

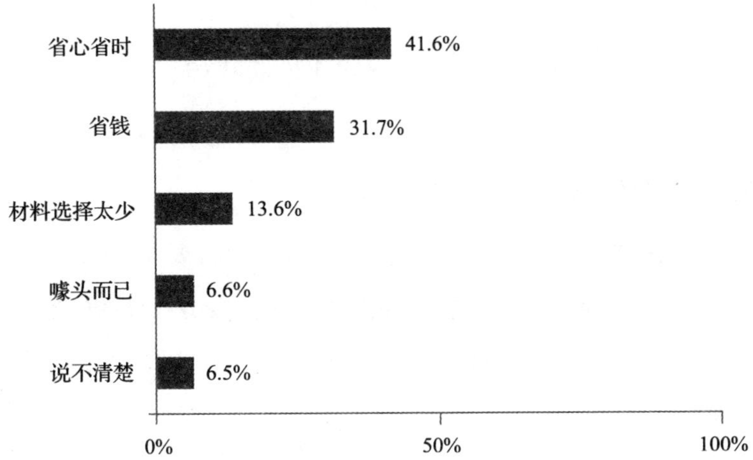

消费者心目中互联网家装的特点

目前，大家对互联网家装的看法不一，但是近60%的消费者会选择互联网家装进行装修，有25%的消费者处于比较矛盾的心态，仅16%的消费者不会选择互联网家装。也就是说，在如今“互联网＋”这股浪潮下，互联网家装在装修者心目中具有一定的诱惑力，互联网家装的潜在客户占比过半。

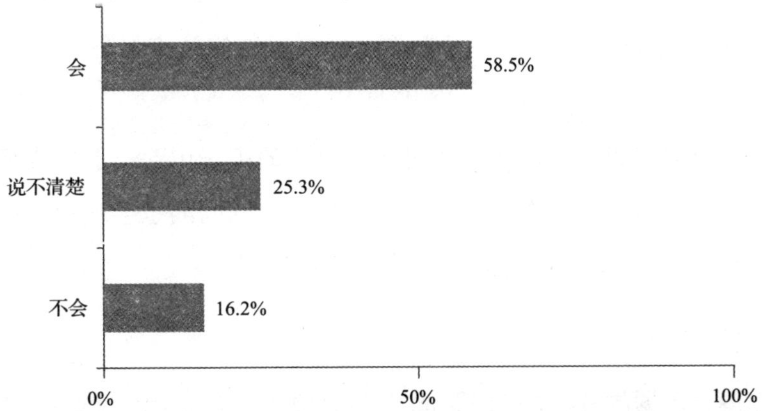

选择互联网家装比例

九、深度解读

这一部分，我们将就基础数据分析中的一些问题，再进行更加深入的分析。

1. 装修房屋的属性

从调查的数据看，已经装修、正在装修以及即将要装修的房屋绝大多数是新房毛坯房（77.0%），其次是重新装修的自有住房（16.9%），新购二手房的占比最少（6.1%）。这些数据关系到装修公司在市场上装修的究竟是怎样的房屋。

这方面有两个发展趋势。首先就是精装房的发展，现在越来越多的地区要求房产开发必须是精装房。很多装修公司的老板也都关注这个趋势。我们应该认识到：①不管是传统毛坯房还是精装房，都是需要装修公司来做装修的，只是承担装修的公司不同而已；②精装房的发展将推动装修服务标准化的发展；③这个发展趋势将可能对装修公司进行重新洗牌，但是洗牌的方式可能还有待观察；④精装房未来的运营思路可能也会发生较大变化，从原来的以次充好到真正为业主带来因装修效率提高而成本降低的好处。

另一个发展趋势就是，在一些房地产成熟的市场中，二手房装修占比会越来越大，并且由于装修费用的降低，重新装修的间隔也会缩短。这两种力量将共同推动装修市场的房屋属性发生新的变化。

2. 装修预算

根据调查数据的分析，37.7%的预算在10万~15万元，24.0%的预算在15万~20万元，预算高于20万元的占7.2%，预算低于5万元的占4.5%。

这里我们需要认识到数据背后的这样几个信息：①对那些已经装修完的被调查者来说，这个数字的可靠性可能不是预算，而是实际数据；②我们在问此问题时，没有对装修的内容进行限定，很可能被调查者考虑的装修内容是不同的，有的考虑了家具甚至家电，而有的只是考虑硬装；③从已经装修完到即将装修，这里的时间跨度可能有几年，其中也可能有一些不确定因素（比如说互联网家装）会影响到对装修支出的预估。以上几个问题，需要我们今后做相关调查时再进行进一步的考察。

但这里最重要的信息，就是消费者对装修支出的期盼。由于互联网家装能够将装修成本降低30%或更多，如果按照调查数据平均面积110平方米计算，我们看到落到这个预算区间的装修市场占比应该达到50%以上。这是一个巨大的市场空间。

随着本轮建材产品价格的上涨，原本毛利空间极其狭小的互联网家装运营模式可能正在酝酿调价，只是目前还没有明显的行动。原来每平方米699元的互联网家装报价极限可能需要上移到900元左右，才可能留出较为合理的利润空间。

比这个装修预算更低的装修服务谁来承担？这将是我们行业需要认真思考的一个问题。

3. 装修关注因素

装修消费者究竟关注什么？这是每个从事装修服务人员最关心的问题。调查结果表明，消费者关注较多的前三项因素都与装修质量相关：装修材料质量（82.6%）、施工质量（80.2%）、环保达标（65.7%）。不在前三甲的因素包括：不用操心、少花钱、工期、实用性和装修风格。

我们在宣传家装模式时，总是喜欢讲的那些内容，似乎全不在消费者最为关心的范围内。比如，我们说互联网家装是省钱、省时、省心，我们还强调我们的装修风格有多么厉害，我们还说我们的工期有多短……可这些都不是消费者最关心的问题。

消费者最最关心的，是工地的交付，是工地的材料质量，是施工质量，是环保质量。

或许这些因素的重要性是显而易见的，甚至不用做调查都能想得到。可是我们为什么却总在“顾左右而言他”呢？

对任何装修服务来说，不论是传统家装还是互联网家装，工地交付永远是第一重要的。可是，我们却因为工地交付不够酷，成不了风口、谈不上时髦的模式，所以就默默地将其遗忘了。这也是为什么互联网家装常遭人吐槽的根本原因。

说好的“用户体验第一”去哪了呢？

我们有足够的理由说：一切不谈工地交付的家装服务都不靠谱！

4. 前往工地的频率

此次调研中，每周3次以上去（或准备去）施工工地的消费者有37.9%，每周2~3次的有39.0%。也就是说，有76.9%的消费者每周至少去（或准备去）两次工地。仅有1.4%的消费者选择了基本上不去（或准备不去）工地。其中，准备装修的消费者在“每周3次以上”的选项上的选择比例（22.1%）明显低与正在装修消费者（37.5%），更低于已完成装修的消费者（51.2%）。

装修消费者为什么总往工地跑？我们真要认真想想这个问题。第一个答案应该是“不放心质量”，第二个答案可能是“需要现场决策”，第三个答案可能是“需要额外购买”。

不放心是对施工品质的不放心，是对使用材料的不放心，是对材料是否环保的不放心，所以才一趟趟地往工地跑。问题的关键是，消费者对装修公司不放心。所以我们说，装修行业互联网化变革的实质，就在于变革传统装修机制下企业与用户的关系。

其他两项都是合同外的“例外”。我们知道，传统装修遭受批判的一大疾症，就是工程中不断地增项。这里需要消费者决定是否增加一个项目，那里需要消费者来决定是否购买一个零部件，而且消费者还不放心让项目经理或施工人员去购买，因为这其中必然有回扣。

虽然消费者说是只关注产品质量和施工质量，但是省心和省时却也是与不放心装修质量息息相关的。在这方面，互联网家装所提倡的“0增项”的整装模式倒是切中了要害，但关键是你必须能够保证质量，保证能让消费者放心。

5. 选择装修公司

这是一个很会引起争议的调查结果。我们的调查表明，近9成的装修消费者选择了家装公司，其中有49%的消费者对装修公司的名字还有印象。只有1成消费者没有选择家装公司，而是选择装修队或工人进行装修。

我们以往的知识是“马路游击队”至少占了装修业的半壁江山。关于“马路游击队”最高市场占有率的数字我们能够查到的，居然高达80%！我们并没有对这个差异如此大的调查结果感到欣喜，而是理智地去核实我们的调查数据。在对那些表示曾经选择装修公司的消费者，我们又随机取样进行核实，而且还追加了问题内容，比如说是在哪里签的合同等。核查的结果证实了上述调查结果的可靠性。

对这个“出乎意外”的结果，我们需要进行这样几个方面的思考：

首先，当人们说装修“马路游击队”占了装修市场半壁江山，或者说“马路游击队”占领装修市场80%以上的份额时，我们是否有从消费者那里调查的数据加以证实？或者只是“随便估估”？

其次，我们应该这样定义“装修公司”。严格意义上，只要有正式公司注册的装修运营资质就应该被认为是装修公司，而不能以装修公司的规模大小来决定谁是公司谁是马路游击队。

再次，长期以来，对大量小型装修公司还有装修马路游击队的市场管理一直是行业管理协会头疼的问题，没有更好的办法。互联网家装能够解决这个问题吗？

6. 装修方式的选择

选择全包的装修消费者近乎占到一半，这在已经经过了装修以及正在准备装修的消费者之间存在实质性的差异。为了确保被调查时消费者能够准确地回答问题，我们在答案中还特地包含了“不清楚什么是全包、半包和清包”这一项。果然，正在准备装修的消费者中，确实有不知道的。

几乎一半消费者选择全包。这个调查结果又一次出乎了我们的意料，于是我们再一次回过头去核查调查数据是否存在问题。但是，核查证实了数据的可靠性。

全包装修模式本来就应该是装修消费的主要选择方式，但是由于行业发展的历史原因，全包装修模式迟迟得不到应有的发展。这个问题的解释可能比较麻烦，因为它涉及我们所谓的“家装要素有效组织形式”的历史演变，以后我们会以专题形式来解释为什么要全包，以及为什么又没有全包。

全包装修服务几乎占到装修市场的一半。这个信息对我们互联网家装公司来说又有什么意义呢？

我们认为，其意义可能存在于两个方面：一是互联网家装的整装套餐模式，已经具有了良好的消费习惯的基础。我们需要利用这个基础来加深消费者对全包装修服务的认识；二是互联网家装整装套餐模式与传统装修全包模式之间的最大区别，可能还在于互联网家装整装套餐的标准化运营。而在宣传互联网家装标准化运营时，我们又应该如何来表明它要比传统装修全包模式更优秀呢？这可能是我们都需要思考的问题。

7. 选择装修公司和装修方式时的信息获取

装修消费者最重要的信息来源依旧是朋友介绍。所以，“装修服务营销，口碑第一！”这句话可能重复多少遍也不嫌为过。

其次是参观样板间和网络搜索。这似乎表明这样两点信息：一是主要的装修选择信息来源还是传统线下的，二是装修公司的营销重点似乎应该放在社交化的口碑传播上。

长期以来，虽然我们看到一些优秀的装修公司基本上都是依靠口碑得到发展的，但是传统装修公司的用户口碑宣传似乎并不十分有效。原因或许有以下两个方面：①用户口碑宣传缺少有效的途径，传统装修主要依靠传统媒体进行营销宣传，而传统媒体的用户口碑本身是可以虚拟的，这使得真正的用户口碑的贬值；②传统装修公司对用户口碑的结果难以掌控，往往是花力气把用户口碑做了出来，然而却被公司内部各种人员的“拦截”搞成了私活，得不偿失。

互联网“信息互动”的功能，使得用户口碑传播成为未来品牌宣传的主要有效方法。对于装修公司的品牌宣传而言，用户口碑宣传可能更加重要。在宣传中如何结合互联网的有效信息传播途径，比如说社交化媒体传播，将公司的装修工地、样板间等能够代表公司装修水平的内容结合在一起进行有效传播，可能是未来装修公司需要认真研究的一项工作。

但是不管如何传播，装修公司必须首先有好的用户口碑，必须首先做好每个工地的交付。

8. 装修风格

在装修消费者的考虑中，装修风格是仅次于材料质量、装修施工质量和环保质量后的第四大考量因素。但是，装修消费者真的有明确的装修风格喜好吗？他们如何确定自家装修的设计风格？我们装修公司又如何从消费者对装修风格的喜好习惯和选择行为中获得更多的启发呢？

我们看到，近6成的消费者对装修设计风格没有较清晰的概念，他们依靠设计效果图和装修公司的样板间来“学习”装修风格；而认为设计师对其装修风格的选择影响最大的只有21.5%。

关于装修风格问题，事实上是互联网家装同传统装修在理念上对立最大的方面。从互联网家装的运营模式来看，互联网家装在很大程度上是否定装修设计风格的。细细分析，互联网家装对装修风格有这样几个隐含的假设：

①基础装修实际上没有装修风格可言，装修风格更多是通过软装来实现的；②装修设计中，设计师的作用是十分有限的，特别是低端装修（符合互联网家装目标市场的装修），设计师并不能够给消费者设计出个性化的装修风格来；③装修风格与装修风格的个性化需要辩证地看待。比如说，装修公司的个性化装修设计与装修设计的个性化之间的辩证统一。

由于我们在后面的章节还会继续探讨有关设计风格的问题，所以就不在这里做更多分析了。

9. 搜索及购买家居产品

就搜索装修材料而言，选择家居商场、装修公司或设计师推荐、朋友介绍的比例分别为62%、55%和48%，而选择电商平台和线上广告的比例为37%和30%。其中纯线下搜索信息占约三分之一多，线上线下信息渠道同时运用的则占50%以上，而纯线上搜索产品信息的比例只有不到2%。从购买装修材料的渠道来看，家居或装修材料市场的占比为77%、装修公司或装修队购买的比例为41%，而在网上购买的比例仅为30%。

消费者在线下获取信息渠道的比例明显少于线下购买渠道的比例，两者之间相差近24%，而消费者通过线上线下双渠道获取装修材料信息的比例明显高于线上线下的购买渠道，这说明线上渠道更多是被消费者用来搜索产品信息。

早在2012年8月，我们就提出家居电商发展的实质在于“前置性导购信息”的经营。装修消费信息不透明，而互联网为消费者搜寻装修信息和家居产品信息提供了极好的平台。所以，装修消费者在网上搜索家居产品信息是一个可以预料的结果。但是调查数据所展示的却是一个线上线下交织的信息搜索网络，以及购买网络，而且购买网络还是以线下渠道为主。

这些数字所描述的，可能与我们想象的线上颠覆线下的故事有很大的不同。

事实上，这个线下为主，线上与线下相结合的故事才是真实的故事。首先，线上互联网发展是对线下的蚕食，而不是颠覆。我们对互联网发展表示敬畏，是因为它代表了未来。其次，迄今为止，线下依然是主体。这也是我们在传统企业互联网发展的“四项基本原则”中所阐述的，核心业务依然是在线下。最后，无论是马云的“新零售”还是我们提倡的“后电商时代”，发展的主角都将是线下，是线下业务的互联网化。

所以，任何将线上线下割裂或者对立的观点都是错误的。我们所需要考虑的，是如何经营线上线下一体化的家居产品的“前置性导购信息”，并且打造一个线上线下一体化的产品销售体系。

10. 品牌认知问题

调查数据显示，每个建材品类，大多数消费者只了解其中的一两个品牌，而绝大多数消费者知道的品牌数量不会超过 3 个。

有这样几个问题值得我们考虑：

首先是传统品牌商场与家居品牌之间的关系问题。

装修是个低频次消费，如何让装修消费者知道品牌是品牌，企业可谓是煞费苦心。一个现象是，一些有较好品牌知名度的家居商场，长期以来充当着很多品牌（品牌名）证明自己是品牌（品牌名外的品牌含义，及有质量保障的品牌）的依据。这一方面是这些家居商场对行业发展所做的贡献，另一方面却也成为众多品牌的庇护所，而装修消费者确实不需要这么多的品牌。

我们一直说，现在家居商场的最大问题是，它无法告诉装修消费者在众多品牌中，哪些才是真正的品牌？

其次是建材品牌与家装品牌之间的博弈问题。

在“家装要素有效组织”的理论框架下，我们看到新的家装要素组织者一方面在其成长初期会利用成熟的建材品牌来树立自己的品牌形象，另一方面也在成长过程中不断地降低其对建材品牌的依赖性，最终建造自己的品牌形象。我把这个称之为家装要素组织者与家居品牌之间的博弈。

传统家居商场与建材品牌之间就存在着这样相互依赖却又相互博弈的过

程。而未来的家装要素的有效组织者，比如说互联网家装公司，这种新型的成长于家居品牌之后的组织者，必将与家居品牌之间有一场生死较量。毕竟，组织者要上位，必须建立自己的品牌；而且当自己品牌足够强大时，它就能够摆脱对家居品牌的依赖。

所以我们建议家居品牌要赶紧做“品牌外显化”的工作。如果没有品牌外显化，那么一旦组织者自己的品牌足够强大了，就有可能以自有品牌来替代已有的品牌。比如说，我们常比喻互联网家装像汽车的整车销售。我们知道汽车的品牌，但是对汽车所用的发动机是什么品牌，又有几个人知道呢？我们甚至会想还有没有必要知道？但是我们可能知道汽车的轮胎是什么品牌的，因为它外显了。

11. 用户满意度

在大家的意识中，装修服务是比较糟糕的，装修服务普遍较差，用户抱怨大、投诉多。可是，我们的调查数据却显示了另外一种现象：大多数装修消费者对装修服务是满意的。

这又是一个出乎意料的调查结果。

为了确定数据的可靠性，我们有专人再去调查那些回答满意的被调查者，看看是否是数据处理存在差错。但我们的数据核实工作又一次证实了数据的可靠性。

那么，我们的认识与现实的差距究竟是怎么一回事呢？换种说法：被调查的装修消费者怎么会大多数都对装修服务表示满意呢？这是一个值得进一步思考和调查的问题。

在互联网家装的发展过程中，出现了很多的模式，令人眼花缭乱。但是，互联网家装最受人吐槽的，就是装修工地的交付能力，或者说是装修用户对装修质量的满意度。

我们认为，从本质上来说，互联网家装的工地交付能力应该与传统家装没有区别，因为严格意义上两者所使用的的装修工人是属于同一个群体的。

我们也经常看到装修队换着马甲穿梭在传统家装与互联网家装之间。而所谓的互联网家装不懂装修缺少经验，所以无法实现好的工地交付，这个观点的基础也是不对的。因为互联网家装往往更注重用户体验，所以这种“用户体验”的价值观能够在一定程度上弥补经验不足带来的麻烦。

工地交付问题是出在那些对互联网家装没有深刻理解，一味追求大干快上，赶上互联网家装风头的伪互联网家装公司的身上。

问题聚焦在对装修工地的“用户满意”的理解上。事实上，“用户满意”不是指装修中不出差错，而是指出了差错以怎样的态度来弥补差错的问题。我们看到，一个装修消费者不满意，往往是因为装修公司员工的态度所引起的。

我们应该有两个理由做到互联网家装装修服务的“用户满意”：

第一是你没有办法不满意。我们说互联网家装的实质，就是“信息透明”。一位不满意的用户，将把他的不满意信息传送给其他的家装消费者，后果便会很严重。第二，导致装修不满意的最重要原因其实不是装修没做好，而是反映问题后，家装公司响应不及时、不迅速。所以，装修不满意更是我们的服务态度问题。

所以，不管是传统家装还是互联网家装，“用户满意”是工作的第一目标，也是营销工作的重点。在互联网时代，用户口碑是最好的营销工具。

以上是我们对调查数据基础分析中的一些问题单独做了更深层次的分析。希望通过对这些问题的深层分析，能够加深我们对互联网家装发展的理解。

第三部分
互联网家装发展研究

一、家装消费者的需求

1. 家装消费需求

传统上，我们对家装消费需求有两个基本的认识：一是家装消费需求是个性化的，即每个人都有着不同的需求，特别是在对装修材料设计风格等细节的选择上；二是所谓装修档次有所不同，家装公司的定位基本上都是以装修档次的高低为基础的。

很显然，这种传统的对家装消费需求的认识已经无法满足互联网家装发展的需要了。我们看到，在相当程度上，对互联网家装的批评，基本上也是基于人们对家装消费需求这两点的基本认识。

思想决定行动。一般来说，有什么样的思想，就会产生什么样的行为。在互联网家装发展这个主题上，我们可以说，对家装消费需求的不同认识，会决定采用什么样的家装运营模式。

于是，了解家装消费需求成为我们研究互联网家装发展的第一步，也是重要的一步。

对家装消费需求的研究，也成为我们研究互联网家装发展的重要内容，这可能也是我们这个关于互联网家装的研究区别于其他有关互联网家装研究的主要方面。

2. 家装消费需求的选择与叙述

我们是根据被调查家装消费者对一些问题的认同程度来反映家装消费需求的。在对家装消费行为进行提问后，我们选取了22个对家装消费诸方面的论述，让被调查的家装消费者回答是否认同这些观点。

在选取这22个家装消费需求观点时，我们首先是根据家装消费需求的方方面面来确定维度 。这些家装消费需求的维度包括：价格、品质、时间、省心程度、品牌、环保、设计、个性化、监理、细节等，然后开始组织表达相关观点的语言论述，再接着是将具有相近含义的观点进行合并且重新组织，最后得到22条有关家装消费需求的观点论述。

需要指出的是：我们所选取的维度可能不是唯一的，甚至不是最优的，但是我们认为在目前阶段，这些维度能够帮助我们初步理解家装消费需求，并在此基础上进行优化和改进。

在论述这22个家装消费需求时，我们更多是通过条件限制来突出家装消费者的优先选择。比如说，在了解家装消费者对设计风格需求时，加上了装修价格的限制；另外在了解消费者对知名品牌产品的需求时，也加上了“品质有保障”这样的条件限制。

家装消费需求一定是在各种条件限制下的选择结果。这一点对理解家装消费需求以及理解互联网家装的发展也十分重要。

另一个需要解释的是我们在论述家装消费需求观点时，同时采用了正述和反述的方法。比如第18个观点“我一般不太关注装修细节”，还有第7个观点“如果价格足够优惠，装修风格不重要”。

此外还有一点值得指出的是，我们所选择的消费需求维度在某种程度上都是我们在装修运营中需要考虑的变量。也就是说，研究家装消费者的需求的目的，是为了更好地设置和运营我们能够把控的那些变量。

我们的研究是以目标为导向的。

3. 家装消费需求调查问题

经过反复斟酌最后确定的22个家装消费需求观点如下：

您是否认可以下说法？

1）相比装修专业人士的建议，我更相信其他装修用户的经验。

2）装修是一件很烦心的事。

3）有第三方监理，装修更放心。

4）只要设计得令我满意，我愿意支付一定的费用。

5）我愿意在我家的装修上花很多时间。

6）只要品质有保障，我不在乎装修材料的品牌知名度。

7）价格足够优惠就行了，装修风格不重要。

8）我了解装修材料的品牌和价格。

9）为了保证环保，我宁可多花钱买知名品牌的装修材料。

10）装修基本过得去就可以了，家庭装饰的个性化主要是通过软装来实现。

11）装修最好是让专业的装修公司/人士搞定，我尽量不参与。

12）购买装修材料和家具还是要眼见为实。

13）只要能够保证装修质量，装修周期长一点也无所谓。

14）装修施工品质比建材品质更重要。

15）参加装修材料及家具的促销活动是很好的省钱方法。

16）我花很多时间在网上了解有关装修的知识。

17）我不太相信那些帮我装修的专业人士。

18）我一般不太关注装修细节。

19）装修费用能省一点是一点。

20）我不太在乎什么设计风格，关键是我自己喜欢。

21）装修公司的样板间很难反映其施工品质。

22）与装修的品质比较，我更关心装修的个性化。

4. 家装消费需求分析

问卷中，我们让被调查的家装消费者对所表述的22个观点表示认同或不认同，回答选择有：很不认同、不认同、无所谓、认同、很认同。下面我们来一一分析家装消费者的消费需求。

(1) 相比装修专业人士的建议，我更相信其他装修用户的经验

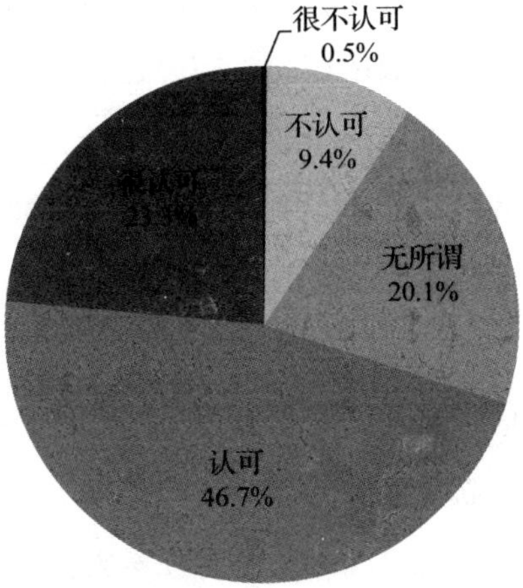

消费者对观点（1）的认可度

这个问题是了解家装消费者从哪个渠道获得更加值得信任的信息，这对我们在装修运营中如何有效地把控与家装消费者的信息沟通方法应该很有参考价值。

调查结果表明，约有70%的家装消费者认为，其他家装消费者所提供的信息更加可靠，而只有不到15%的家装消费者可能更加依赖家装公司的专业知识。

这一点应该引起我们的密切关注。或许不应该主要依靠自说自话地向家装消费者宣传我们认为很重要的内容，而应更多地通过现有家装消费者的现身说法来进行各种营销宣传。

两方面的原因决定了家装公司的品牌宣传更多的是依靠用户口碑进行传播：一是传统家装公司的运营很不透明，消费过程中有许多陷阱，甚至在某种程度上每个所谓专业的建议都意味着从消费者手上掠取更多的利润，由此导致消费者的不信任；二是家装行业是一个低频消费的行业，一般消费者要

间隔很长时间才可能再次进行装修消费，所以必须依赖他人的知识和经验。当不敢信任专业人士的建议时，其他家装消费者的经验就变得更加值得信赖。

这个调查结果对互联网时代的家装运营特别有价值，因为我们知道需要通过其他家装用户的口碑经营来建立品牌形象，而且互联网也给我们带来了更加有效的用户与用户之间的信息沟通机制。

互联网家装模式的运营，可能需要更加重视用户口碑的宣传，这是需要我们高度重视的。

首先是互联网信息互动的功能为用户的口碑宣传提供了极大的便利。互联网信息互动中一个极其重要的内容就是用户与用户之间的信息互动，这种信息互动增强了商业信息的透明。所以我们认为互联网家装的本质，就是“信息透明，买卖公平”。

用户口碑对家装公司来说是一柄双刃剑。家装公司的服务好，用户口碑就是正能量宣传；如果家装公司还是希望通过信息不透明来赚消费者的钱，或者是服务质量不好，那用户也会通过口碑来进行反向的宣传。而这种负能量的用户口碑，在互联网信息互动功能的促进下，可能比传统装修时代要更有影响。

也就是说，互联网时代的用户口碑传播，不管是正能量的还是负能量的，都不是家装公司能够左右得了的。家装公司，也不管是传统意义上的还是互联网家装公司，都应该主动运用用户口碑来宣传和巩固公司的品牌形象。

要做到这一点，首先必须真正把各项服务做好，真正做到“信息透明，买卖公平”，不给用户挖坑、设陷阱。

对于互联网家装企业来说，用户口碑在当前还有更加重要的作用。互联网家装企业在初创阶段，特别需要通过“爆款式”的用户口碑积累来打开市场。

（2）装修是一件很烦心的事

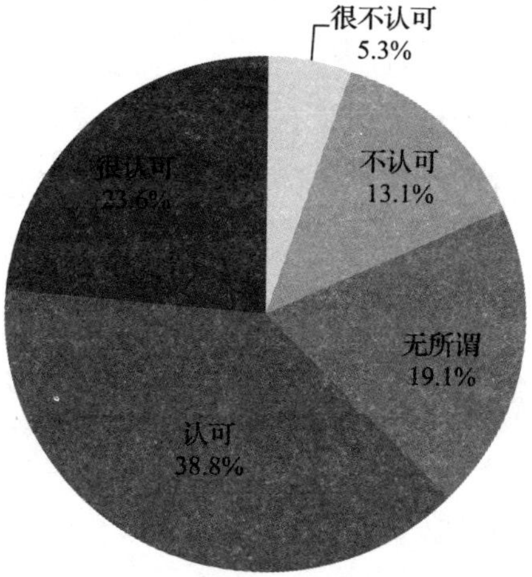

消费者对观点（2）的认可度

60%多的被调查消费者认为家装是一件很烦心的事。

家装确实很烦人。记得齐家网当初的品牌宣传口号就是“让装修像喝茶一样轻松！”我们曾经还以这句品牌宣传语来说明泛家装行业的复杂性：为什么进行建材团购的齐家网要“让装修像喝茶一样轻松”呢？搞清这个问题不但能够厘清建材销售与家装之间的逻辑关系，而且还能使我们更加明晰家装运营发展的方向，从而使家装消费者更加省心。

应该说，互联网家装崛起的一大原因，就是解决家装消费者“烦心”的苦恼。

这里需要指出的是，一些互联网家装企业可能误解了这个“烦心”的概念，把“不烦心”简单理解为“懒”，因此认为互联网家装是专门为“懒人”服务的，甚至把互联网家装定位成“懒人的家装”，这显然是不正确的。

让家装更加省心，这可能不只是互联网家装运营的目标，还要成为每个家装公司运营发展的目标。

传统家装过程让消费者“烦心”的事，可能能够分为“有意”和“无意”两类。“有意”的则是装修公司或装修公司员工利用装修信息不透明来欺诈消费者，我们谈论较多的“漏项增项”就属于这一类。另外，各种吃回扣应该也属于这一类“有意”的行为。

“无意”的部分是因为传统家装不合理的业务流程造成的。即使家装公司各种服务都到位，也没有人员从中拿回扣，但要家装消费者自己来选择购买众多主材和家居软装产品，以及决定装修设计过程中的许多细节事项，也是够花时间、够烦心的。

对互联网家装来说，让家装消费者省心的方法，就是通过家装过程的标准化运营，来减少家装过程中的不确定因素，减少家装消费者的决策内容，让家装真的像喝茶一样轻松。

（3）有第三方监理，装修更放心

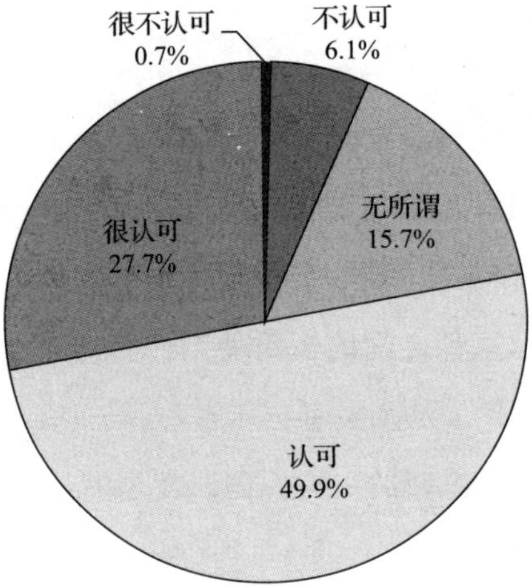

消费者对观点（3）的认可度

近80%的家装消费者认可第三方监理。

这个问题我们没有设置限制条件，并没有像下一个问题那样把服务与费用挂起钩来。但是，由于第三方的监理服务似乎都没有免费的，所以估计家装消费者在回答这个问题时也已经考虑到了必需的费用。

值得指出的是如何定位互联网家装的监理功能。互联网家装的最大特点是信息透明，可以运用移动的信息互动手段让家装施工更加透明。在这样的条件下，家装消费者是否还会认为“有第三方监理，装修更放心”？所以我们需要考虑的是：互联网家装是否需要第三方监理服务？

从互联网家装的运营架构来看，它一定是多地区布局的，而且因为其标准化运营，一旦布局开来，一定要比传统家装企业的市场开拓更加广泛。目前，互联网家装的各地布局，除少数企业采用直营模式外，绝大多数都采用了加盟的运营模式。特别是互联网家装发展早期由于“风口”的影响，不在少数的加盟商事实上还是持有机会主义的动机，在运营和管理等多方面可能水平不是很高，加上互联网家装企业自身也有急于求成的心态，对加盟商的资质把关不够严格，所以为了维护互联网家装整体的家装服务质量，互联网家装总部有必要建立有效的机制来监管其运营体制内各加盟商（包括直营分公司）的服务质量。所以，这时如果互联网家装前期发展速度过快，应该有必要请第三方的监理服务来加强自己的监管力量。

在未来互联网家装的加盟体系发展较为成熟后，是否使用第三方监理服务可能是由三方面因素决定的：一是第三方监理自身发展的服务网络是否足够完善，二是其监理服务价格是否合理，三是其监理服务质量是否过关。

目前，市场上已经出现了独立的第三方监理服务，但尚处在发展初期，离监理完善的服务网络还有较长的一段路要走，所以未来一段时间内可能出现互联网家装企业与第三方互联网家装监理服务相互促进，共同成长的情况。

关于第三方监理服务的价格，我们看到，有最低每户不到400元的低价。这种低价模式搏的是规模化运营的高效率。这样的价格比较符合互联网家装低价的运营模式，不管是消费者买单还是互联网家装公司买单。另外也有每户一两千元的监理费用，这个费用与互联网家装的低价策略相比，似乎贵了些，因而可能很难与互联网家装进行紧密的合作。

通过以上的讨论，我们可能需要思考一下：互联网家装时代的第三方监理是否需要重新考虑自己的战略定位？

(4) 只要设计得令我满意，我愿意为设计支付一定的费用

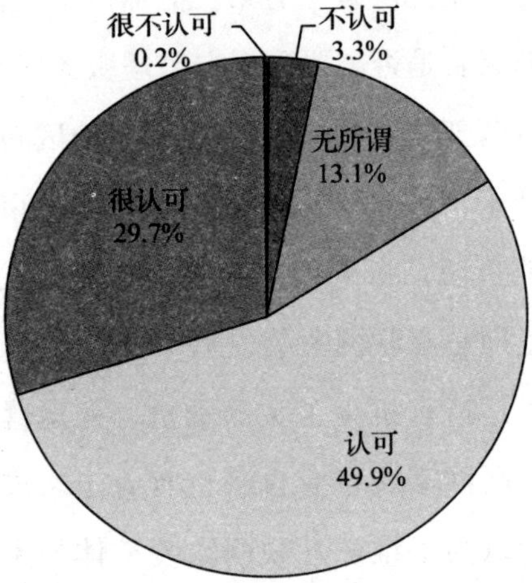

消费者对观点（4）的认可度

这个问题的答案让业内的家装公司既高兴又忧伤。高兴的是居然有近85%的家装消费者愿意为自己满意的家装设计支付费用，忧伤的是很难做到让家装消费者对设计满意。

“设计即销售”可能是家装行业的一种尴尬。这里所说的不是在我们掌握“设计主导权”后的销售主动权，而是指家装公司设计师的主要工作是销售，并且是通过装修业务提成及推荐装修材料的私下提成来获得自己的主要收入。这可能是激烈的市场竞争所导致的结果：家装公司设计师不靠设计挣钱，家装消费者也不为设计埋单。

了解了这个答案后的反应却可能比了解这个答案更加有趣：你是准备让你的设计卖钱呢？还是继续免费向家装消费者提供免费的设计？

这涉及对家装设计的本质认识：对绝大多数老百姓的家装来说，是否需要有价值的设计？在互联网时代，我们又是否能够提供免费的装修

设计？

关于互联网家装的设计问题，可能有更多需要讨论的。

首先是，应该如何认识互联网整装的设计？标准化的互联网整装需要设计吗？

我们说，互联网整装虽然是标准化的，但它也有设计，而且是不同于传统家装一户一个设计的那种模式，而是所有使用到这个互联网整装模式的用户都享用同一个设计。也就是说，对每户用户来说，是不存在设计的，但是总体上却有一个标准化的设计。而且由于设计的集中和标准化，所以企业可以用更多的资源来获得更好的设计，并且是具有个性化的设计。

这是设计个性化与标准化的辩证统一：互联网家装可以获得具有个性化的标准化设计，就像宜家家居产品是极具个性化的标准化产品一样。

其次是，在互联网家装企业的组织构架中，如何设置和处理设计功能？

这可能是互联网家装与传统家装企业运营中差异性最大的一个方面。互联网家装企业应该没有一个独立的设计部，而是设置一个功能更加强大的产品研发部门。这个部门的功能，就是研发和设计具有“更好的用户体验和更高的运营效率”的整装产品。在这个部门中，我们看到设计功能更加核心、更加重要，但不是针对每户户型所进行的设计，而是更加强化了产品设计的概念。

最后是关于各地分公司中的设计师，他们还做设计吗？他们还需要设计能力吗？

互联网家装运营中的所谓设计师可能是一个新的工种。他们从传统家装的设计师转化而来，或许在未来相当长的阶段内可能还是被称为设计师，但是他们的工作重点已经从传统家装的所谓“设计”，转变成为使用专门为互联网家装运营打造的 3D 云设计软件与潜在用户进行有效沟通的设计导购人员。

这时，这些所谓设计师的工作，其实更多是用 3D 云设计软件与用户进行有效沟通，而不是设计。

（5）我愿意在我家的装修上花很多时间

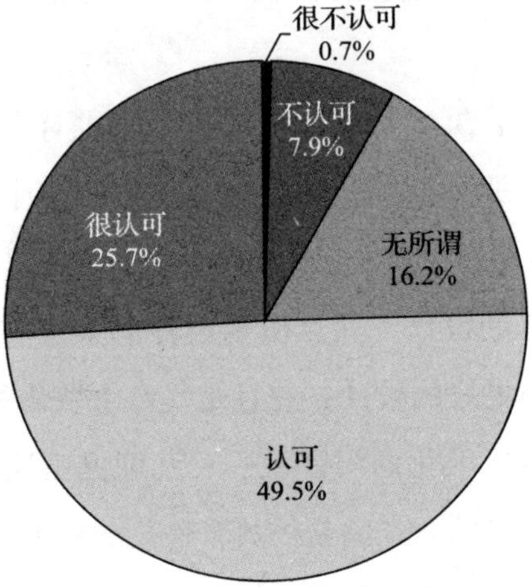

消费者对观点（5）的认可度

“省心、省钱和省时”是互联网家装发展的口号。我们调查的第二个问题谈的是家装消费者对家装省心的态度，这里是关于省时的话题。

出乎意料的是，大约 75% 的家装消费者说他们愿意在装修上花很多时间。

到目前为止，对很多人来说，装修是人生中的一件大事，愿意花更多的时间来规划和装饰自己的新家应该是一个很自然的调查结果。可如果是这样，我们对通常装修公司所打出来的“省时”的努力目标就要进行新的思考：家装消费者真的需要省时间吗？

结合第 2 题有 60% 多的家装消费者认为家装是件很烦心的事来看，似乎这两者之间存在着矛盾：既然很烦心，又为什么愿意花很多时间来做这件事呢？

原因可能是在家装消费者的心目中，家装本是一件令人愉悦和神往的事，值得花更多的时间。可是，现实中的家装过程却变得让人心烦。如此说来，这其实是理想与现实之间的矛盾。

如果能够让家装消费者感到家装是像喝茶那样轻松和愉悦的话，他们可能会愿意花更多的时间在家装上面。这个结果又能够给我们什么启发呢？

这里我们需要考虑一个全新的问题：如何让家装消费者更多地参与到其家装过程中来？

大家都知道，欧美在家装上流行 DIY，这一方面是因为劳动力太贵，不得不自己动手，另一方面也体现了自己动手 DIY 的乐趣。现在的互联网家装，为了省钱省心和省时，似乎把这些希望在自己家装消费过程中多花时间的消费者享受家装乐趣的权利也剥夺了。这应该引起我们足够的重视。

事实上，我们可能还需要进一步研究家装消费者"多花时间"的目的，是为了自主地选择更多个性化的产品？或者是确保工地施工质量？对家装消费需求进行更进一步的研究，可以使我们能够更好地细分家装消费需求，为互联网家装的差异化发展提供更多有用的市场信息。

（6）只要品质有保障，我不在乎装修材料的品牌知名度

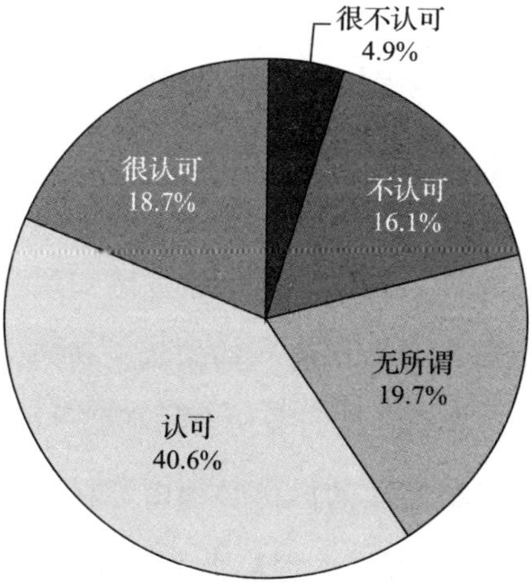

消费者对观点（6）的认可度

近 60% 被调查的家装消费者认为，只要品质上有保障，建材的品牌知名度并不十分重要。

对于这个问题以及调查的结果，我们可能需要做更详细的分析：

首先，为什么要打造品牌？对家装消费者来说，其实品牌最基本的属性是对产品品质的保障。现今建材市场的一个乱象就是每个分类都有超乎消费者需求的品牌数（此品牌非我们这里所探讨的品牌，它们只是产品的名称而已，却非代表品牌知名度），因而，如果要保障产品的品质，消费者就需要通过品牌知名度来获得基本的安全感。这里的逻辑是：知名度高的品牌投入也大，因而对自己产品品质的要求也会高于其他品牌。但是我们知道，品牌知名度的打造只是品牌发展最基本的工作内容。从这点来说，可能消费者对建材品牌的要求还处于初级阶段，建材品牌的发展还有很长的路要走。

第二个问题是，消费者是如何来感知建材品牌的？我们知道，很多家居产品的品牌在很大程度上只是行业品牌，即只在行业中有名气，消费者却不知道，所以往往需要以其他方法和途径来向消费者显示品牌之“大”。

一种方法是通过在知名的家居商场中开店的方式来实现，借商场的知名度来显示品牌的可靠性。家居产品消费者听得最多的一句话可能就是：我们在×××商场有店铺，我们是品牌产品。另一种方法则是获得某种行业所授予的荣誉，即各种“十大××品牌”的排名。

我们曾经分析过，在互联网信息互动功能的驱动下，消费者可能正在逐渐地通过新的用户口碑的传播来建立新的品牌感知渠道和感知方式，传统的证明某品牌（名）是品牌（品质保障）的做法正在失去原有的功效。这一点应该引起家居企业，甚至包括一些行业协会的高度重视。

最后一个问题是，建材品质的保障必须由建材产品品牌来实现吗？对这个问题的回答，过去应该是“是”，但是未来却很难说。

且不说上面分析的传统消费者对品牌的感知机制由于互联网信息互动功能的存在而发生了根本性的变化，互联网家装的兴起，或许也将改变家装消费者对建材产品品牌的依赖。

我们观察到一个很有趣的现象：即互联网家装的崛起往往依赖建材品牌。

除极少数互联网家装套餐外，我们看到绝大多数互联网家装都是标榜自己用了哪些建材品牌以示自己品质的保障。可是，随着互联网家装的发展，互联网家装品牌也会逐渐强大起来。所以未来行业中家装品牌与建材品牌之间必将有一场长久的博弈：究竟谁更能够给家装消费者带来品质上的保障？

从发展趋势来说，未来应该是家装品牌在这场博弈中取得胜利。这对家居企业一个极其严峻的挑战：如何在互联网泛家装的发展中，继续不断地扩大自己的品牌影响力？

（7）如果价格足够优惠，装修风格不重要

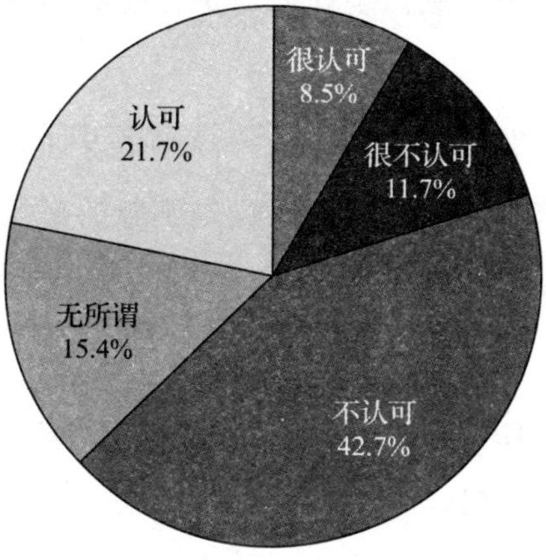

消费者对观点（7）的认可度

这是一个对装修风格否定的观点。我们看到，一方面过半的家装消费者不同意这个观点，但是另一方面却有30%的消费者认同这个观点。

可以想象，如果我们只是问对“装修风格不重要”这个观点的态度时，就非常可能得到一边倒的不认同。产生上述严重分歧的原因，是我们对装修风格进行了限制，给出了装修风格不重要的条件，只是足够优惠。有30%的家装消费者表示，如果装修价格足够优惠，就不太在乎什么装修风格。

这不是针对互联网家装企业说的吗？

这里我们可能需要认真思考这样几个问题：一是对家装消费者来说，装修风格真的很重要吗？二是从家装服务的价值来看，装修风格究竟能够提供怎样的价值？三是不谈装修风格，果真能够给家装消费者提供更优惠的价格吗？

先来谈谈家装消费者对装修风格的需求问题。做装修，消费者知道除了装修预算之外，最重要的似乎就是装修风格，而且是全国各地都基本统一的那几种装修风格。你要装修，你首先需要学会装修术语中最重要的内容——装修风格：地中海、新中式、简欧……这些装修风格果真是家装消费者心中所期盼的那些风格吗？这种装修风格的分类方法果真科学吗？我们是否能够找到更好的装修风格的分类法？装修公司是否能够创造属于企业自己的独特的装修风格？

这就到了第二个问题：装修公司的装修风格设计到底值多少钱？装修公司的设计师其实是销售人员，这可能已经是不争的事实。或许这些所谓的装修风格，正是对家装消费者掩盖“设计师其实多是销售人员”真相的简单且有效的方法。在这些所谓的装修风格背后，究竟有多少是真正有价值的设计呢？为什么除了千篇一律的那几种装修风格以外，根本没有自己独特的设计风格呢？比如说，宜家风格，或者无印良品风格？

可能每个装修公司都需要认真思考一下：我们的设计真的具有独特的价值吗？我们真的能够为家装消费者设计出他们所需要的装修风格吗？

最后谈谈装修价格与装修风格之间的关系。虽然问题是让消费者在装修价格优惠与装修风格之间进行选择，但是我们却知道这两者之间可能并没有直接的关联，至少在我们所理解的装修风格上是如此。字面上理解的装修风格，一定是有设计的努力，是有材料的额外支出，所以才需要额外的费用。可是装修风格一定需要额外的设计努力和材料支出吗？互联网家装实践告诉我们：“不一定。”也就是说，所谓的装修风格完全可以由大师级的设计师设计出来，再低价卖给消费者。宜家风格的家居产品可能就是一个较好的例子。互联网家装的发展可能能够提供更多这样的案例。

有关家装消费者对装修风格需求以及愿意为低价而割舍装修风格需求的话题，我们在后文中还会有更加详细的讨论。

（8）我了解装修材料的品牌和价格

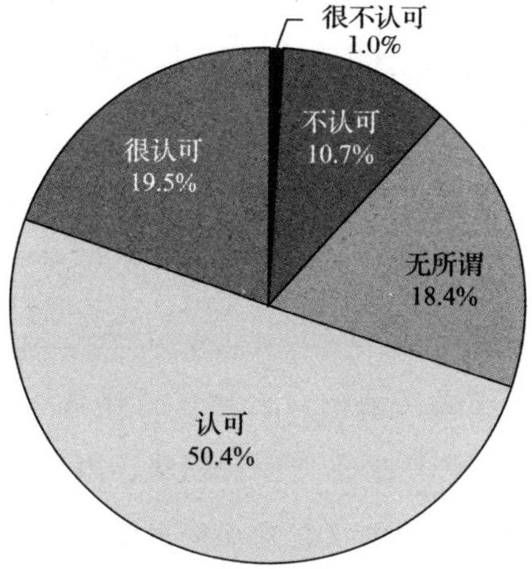

消费者对观点（8）的认可度

认为自己了解装修材料品牌和价格的家装消费者达到了70%。这也是一个出乎意料的调查结果。

通常我们的常识是，家装消费者很难了解清楚家装所需建材的品质及其相应价格。关于这一点，我们也不止一次地听到业内人士说，他们也可能不完全了解有关建材的详细情况。那么问题来了：家装消费者是真的了解家装建材的品牌及其价格详情？还是家装消费者自己认为了解家装建材的品牌及其价格详情，但实际上却不甚了解？

我们可能需要从两个方面来认识家装消费者对家装建材品牌及其价格的了解程度：其一是建材产品品牌与价格的透明度，其二是家装费者通过各种途径，特别是互联网来了解各种建材详情的努力。

先来谈谈第一种情况。我们知道，传统建材是一个信息极其不透明的行业，或许目前已经很难找到几个产品在市场上不明码标价的行业了，但建材行业肯定算是一个。不但不明码标价，而且还没有全国统一价格！所以说，传统的建材销售价格是不透明的。

那么品牌呢？我们看到，建材行业除了少数品牌可以被称为是消费者知道的品牌外，绝大多数的建材品牌都不为消费者所知。其中一个原因可能是建材是低频消费品，如果连续打广告的话成本高而转化率低，不划算。

所以说，对广大家装消费者来说，除了少数几个我们称之为消费者品牌的建材品牌外，他们只能通过其他途径来感知建材产品的品牌品质，其中一条途径就是通过知名家居商场。“我们在 ××× 商场有专卖店，我们是品牌产品。”这可能是家装消费者经常听到的。

建材品牌与家装消费者沟通的乏力导致品牌对知名家居商场的依赖性，同时也加强了建材市场品牌信息不透明的趋势，因为家居商场极可能本能地通过对建材品牌不透明这样一种状态的保护来维护自身的利益，特别是通过维护因品牌信息不透明所导致的品牌无法集聚这样一种状态，来满足其不断扩展的卖场数量和单个卖场面积。

然而互联网的发展却在打破建材品牌与价格的不透明的态势。这是我们需要探讨的第二个问题。

互联网的本质是信息互动，而信息互动又分为商家与用户之间的信息互动以及用户与用户之间的信息互动。当家居市场的房地产发展红利逐渐消失时，各种促销活动，包括新兴的网络团购活动，便一次又一次地将建材产品价格拉向底线，什么“爆破营销”，什么“品牌联盟”，什么“总裁签售”，什么 F2C……当然还包括电商的线上价格的挑战，这些都是商家与用户在品牌及其价格上的信息互动，以使其信息越来越透明。

另一方面，家装消费者也开始形成主动上网搜索建材产品信息的习惯，特别是搜索其他用户对各种建材产品的使用经验。这就是我们所说的用户与用户之间的信息互动。我们认为这种用户与用户之间的信息互动，是打破传统市场信息不透明的关键所在。

综合上述两方面的因素，我们看到一个奇怪的现象，就是一方面建材品牌及其价格不透明的现象依旧十分严重，另一方面却有70%的家装消费者声称他们了解建材品牌及其价格。

然而，一个更加有趣的相关问题是：家装消费者需要了解家装建材的品牌及其价格信息吗？我们看到，随着互联网整装概念的不断发展，具体建材产品的品牌及其价格信息可能变得越来越不重要了。

（9）为了保证环保，我宁可多花钱买知名品牌的装修材料

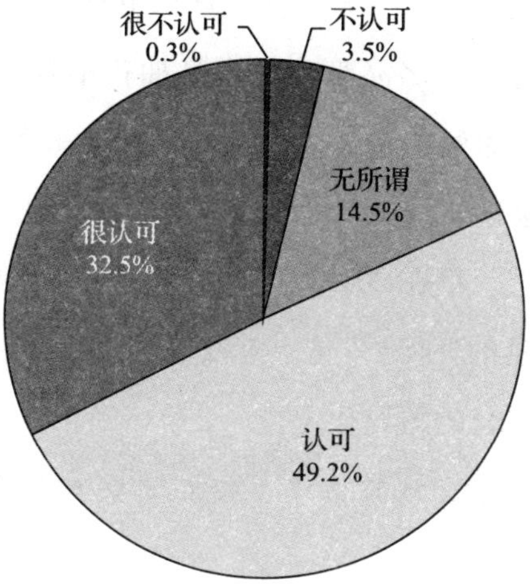

消费者对观点（9）的认可度

家装消费，环保似乎永远是一个主要的考量方面。很多消费者认为，多花钱买知名品牌的产品来确保家装环保效果是理所当然的事。我们看到，有81.7%被调查家装消费者认可多花钱买名牌产品以保证环保品质的观点。

有意思的是，我们还看到有14.5%的被调查对象对这个观点选择了“无所谓”的态度，另外还有不到4%的家装消费者甚至不同意这样的观点。其中的原因又是什么呢？

我们提问的内容存在这样一个逻辑，即：知名品牌的价格更高，环保品质也会更好。那么，对这个观点表示无所谓的或者甚至是不认同的消费者，

究竟是对这个逻辑无所谓或者不认同，还是对装修环保无所谓，或者认为装修没有必要环保呢？

我们认为，更有可能是对以上这个逻辑表示中立或者不认同，因为很少有人认为环保不重要。

在“知名品牌价格更高但是更环保”这个逻辑中，其实又分了两方面的内容，一是知名品牌的价格更高，二是知名品牌更加环保。其中我们看到，知名品牌价格更高基本是事实，所以消费者持有中立观点或不认同的可能性也较小。那么重点可能落在了“知名品牌环保更有保障”的观点上。

我们是否常听到有关知名品牌建材产品抽查不合格的事？可能正因为这一点，才导致一小部分家装消费者并不认同“知名品牌更环保”的观点。

我们说互联网家装的本质是“信息透明”，这个信息透明事实上也反映在假装的环保这个主题上。早在2015年年初，我们就针对互联网家装的具体发展策略提出了“看得见的环保！”这一互联网家装实践活动，希望通过这项活动来实现互联网家装运营的差异化定位。

(10) 装修基本过得去就可以了，家庭装饰的个性化主要是通过软装来实现的

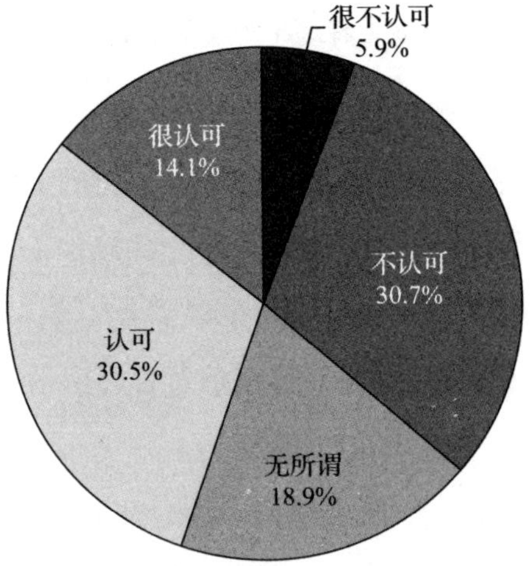

消费者对观点（10）的认可度

熟悉互联网家装的人应该知道问这个问题的目的所在，因为互联网家装的整装模式，正是希望通过软装的个性化来实现家庭装饰的个性化，这样硬装部分通过标准化的方法来装修就可以了。我们看到，家装消费者对这个观点有着明显的对立立场：36.5%的被调查对象不认可这个观点，44.6%的被调查对象认同这个观点，持中立态度的有18.9%。

家装需求的个性化与互联网家装的标准化似乎从一开始就水火不相容，反对互联网家装标准化运营的人士似乎把家装消费的个性化需求当成了一道坚实的城墙。特别是在这个大环境提倡C2B商业逻辑以及重视个性化消费需求的背景中，互联网家装执着标准化运营的思路显得不够时髦、不够颠覆。

这里我们来分析两个问题：一是我们如何看待家装消费个性化需求与互联网家装标准化运营之间的关系；二是如何通过软装的个性化来满足家装个性化需求的问题。可以看出，这两个问题实质上是有关联的。

首先，我们着重谈一谈有关家装消费需求个性化的问题。家装消费的个性化存在吗？的确存在。那重要吗？不知道。因为这要看消费者是谁，有的消费者认为很重要，有的消费者认为不重要。互联网家装的标准化产品运营模式能够满足家装消费的个性化需求吗？不能。可是话又说回来，为什么某个互联网家装模式又必须要满足其有不同个性化需求的家装消费者呢？

这可能意味着我们需要重新来考量家装消费个性化需求与互联网家装标准化运营之间的辩证关系：互联网家装的标准化运营，是针对那些有着最大集合的具有相同或者相似个性化需求的家装消费者。我们千万不要被“个性化”这个词所迷惑，“个性化需求”在很大程度上并不代表消费者个人层面的需求差异；恰恰相反，“个性化需求”代表的往往是一个具有相同或者相似家装需求的集体。用营销术语来描述，就是一个具有相同或相似家装消费需求的细分市场。

也就是说，每个互联网家装模式都应该把自己的目标瞄准一小部分具有相同或相似家装消费需求的用户，千万不要面面俱到，更不能追求满足消费者的所谓个性化需求。

第二个问题看上去更简单，说的是如果家装的硬装部分标准化了，那个性化需求可以通过软装来实现。但是仔细追究，其实并不像看上去那么简单。

先来看一看第一个不简单的地方：当互联网家装深入发展时，下一步最可能做的就是将软装也整合进来。事实上，已经有不少互联网家装企业这样做了。我们发现，其实软装整合的方法也基本上沿袭了硬装标准化运营的逻辑。也就是说，我们在问题中阐述的观点，其实在某种程度上是不正确的，因为原来指望通过软装来实现个性化需求的期望并不现实。

要解决这个问题，我们可能还是需要探讨一下第二个不简单：我们需要改变的，可能是家装消费者的基本观念：究竟什么才是个性化？

现在，我们常常把互联网家装比作是汽车的整车销售模式，那我们就来看看汽车的个性化需求是什么。

在各类消费产品中，应该说汽车的个性化特质还是十分突出的。我们可能比较容易从某个人开的车来判断这个人的基本个性。由此我们看到，除了售价外，汽车还能表现出其他的个性化特质，比如说宝马与奔驰，也许就能够表现出开车者的不同个性。

汽车有着个性化的消费需求吗？答案是肯定的。但是汽车制造商在努力满足这些个性化的需求吗？显然没有。（当然，在个性化思潮的驱使下，也有试图满足个性化需求的努力，但遗憾的是基本都没有成功，所以现在销售的依旧是标准化的汽车产品。）但这并没有影响汽车的制造与销售模式。

也就是说，在互联网家装的发展驱动下，家装消费者的需求模式也会发生变化，这种变化是通过互联网家装模式的发展以及家装消费者的需求变化而相互作用，相互演化的，最终的平衡可能就类似于我们今天所看到的汽车市场及销售的消费模式。

(11) 装修最好是让专业的装修公司/人士搞定，我能不参与就尽量不参与

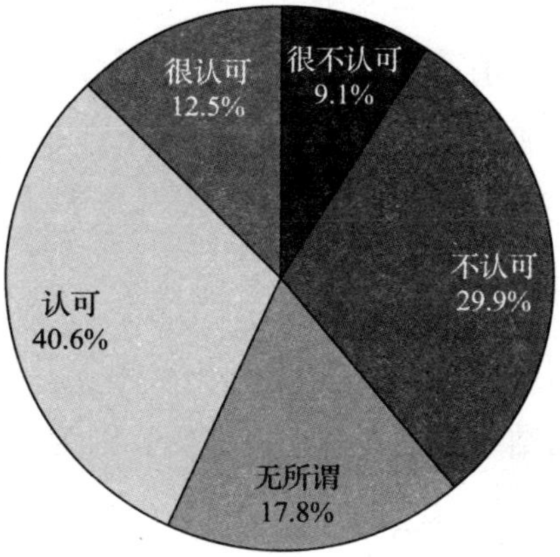

消费者对观点（11）的认可度

这个问题实际上涉及两个方面的内容：第一是我是否相信做装修的专业人士？第二个是我是否愿意参与到家装的过程中去。

我们看到，有 43.2% 的被调查消费者认为可以让家装专业人士搞定装修，自己则尽量少地参与其中，但同时有 39% 的家装消费者却不认同这个观点，还有 17.8% 的被访者表示无所谓。

我们应该如何来看待这组数据呢？

首先，在家装运营来说，参与或不参与应该采取完全不同的模式。事实上，传统的清包、半包和全包模式，可能也正是对应满足家装消费者关于“参与装修过程”的不同需求。

其次，在反对“尽可能不参与”的人来说，可能需要做进一步的分析，究竟有多少是因为不相信做装修的专业人士而不得不参与装修过程的呢？

因为我们这里只是做单个问题的简单分析，所以无法回答这个问题。但接下来在多元分析中，我们通过对两个或两个以上的问题进行联合分析，可能能够发现更多的对这个问题的解释，并且很可能也会产生更多的问题。

第三，前面有关家装消费行为的调查显示，无论是已装修过的还是即将要进行装修的，都有超过半数的消费者选择全包的装修模式。这应该是一个健康的行业发展方向，因为全包的家装模式极有可能是成为未来最常见的建材销售模式。或许未来的消费者会奇怪：怎么还有一件一件地买建材商品来做装修的？就像今天，如果我们去购买一个一个汽车零部件来组装汽车一样的奇怪。

互联网家装显然属于全包模式，只是需要家装消费者在一旁监督，而不需要家装消费者参与装修过程。所以说，可能在这个双方愿意参与家装过程个问题上，我们得到的结果是最具有支持力的，因为更多的家装消费者认为，家装应该由专业人士完成，自己最好不参与或少参与。

我们在装修过程中从消费者的角度观察到，其实互联网家装与传统家装最大的差异还是表现在消费者对家装专业人士的信任度上。因为从传统家装的过程来看，几乎每一步都存在着利益点，都是做装修的专业人士获得更多利益的机会，因而消费者很难给这些专业人士投信任票，于是也就很难决定“能够不参与就尽量不参与”了。

（12）购买装修材料和家具还是要眼见为实

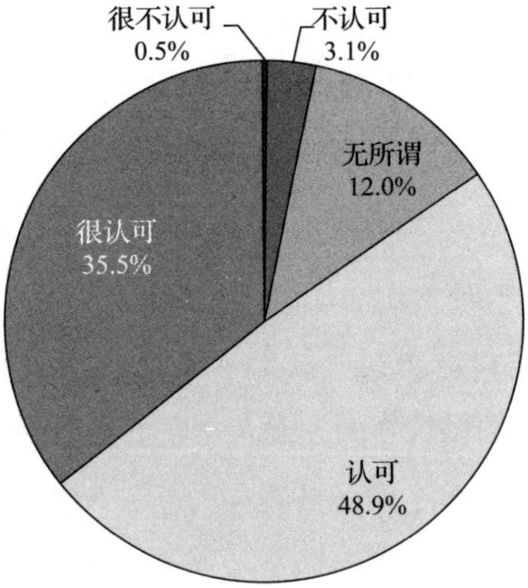

消费者对观点（12）的认可度

这个问题是针对网上购买建材和家具时家装消费者的心理进行考量的。高达 84.4% 的被调查者认为，购买这些产品时最好是“眼见为实”。

关于这个“眼见为实”，我们可能还需要多说几句。

首先是“眼见”：你看到的是什么？是产品的实物，是对产品触摸坐躺或掂拿的亲身体验。这些在我们作为消费者购买产品时都是必需的。看到了、摸到了确实让我们在做购买决策时放心不少。但是，我们知道其他消费者使用这些产品后的体会和感受吗？我们知道我们所“眼见”的哪些是“不实”的内容呢？

我们再谈纯线下购物的短板之所在。

我们知道，互联网的发展也促使商业零售模式在发生根本性的变化，开始时是纯线上的销售模式，又被称为电商。随着电商的进一步发展，人们发现纯线上销售的电商模式也遇到了瓶颈，主要是缺乏“眼见为实”的购物体验，所以又进入所谓的 O2O 模式，即让在线上购物的消费者到线下去体验，去“眼见为实”。而且为了保护线上电商平台的利益，还必须将到线下实体店体验的消费者再拉回到线上去，美其名为 O2O 闭环。但发现这一招不管用，因为遇到了传统企业线下经销体系的坚决抵制。

大家一定还记得 2013 年双 11 前线下 19 家连锁家居商场联合抵制天猫 O2O 行动的事件。我们在后来的媒体采访中分析出，其实这并不是线上电商平台与线下传统家居商场之间的博弈，而是家居企业内部电商部门与传统经销体系之间的博弈。并由此产生了一个新的概念：电商双轨制。

我们在 2014 年 9 月组织的首届中国家具电商论坛的研讨主题，就是家居企业电商“双轨制”的破局思考。

在众多力量的推动下，互联网的商业发展终于到了第三个阶段：后电商时代，也就是马云所说的“新零售”时代。这个阶段的一个最显著的特征，就是线上线下一体化。

线上线下一体化为消费者购物创造了比“眼见为实”更多更好的体验，

其中最重要的是我们可以看到其他消费者对同件或同类产品的购买及使用体验。这就是我们经常说的改变传统的使用信息不透明的用户口碑。我们已经看到，线上购物行为模式可能会影响到未来企业品牌的塑造与传播方式，甚至会影响到未来品牌发展的内涵。

另一方面，3D 及 VR 技术的发展也给我们的家居购物体验带来了新的内容，这就是我们在 2014 年就提出的家居购物“虚拟体验”。在购买家居产品时，我们不仅需要实体体验，还需要虚拟体验，也就是所购买的家居产品如果放在我们的家里究竟合适不合适。

所以说，在购买家居产品时，我们不仅要“眼见为实”，而且还需要“眼见为虚”。

（13）参加装修材料及家具的促销活动是很好的省钱方法

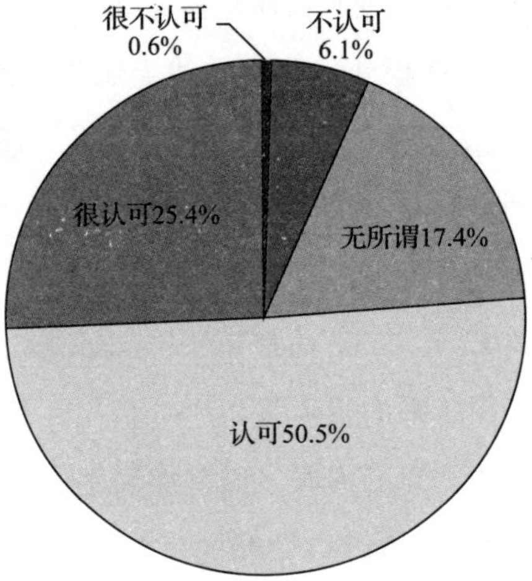

消费者对观点（13）的认可度

75.9%的家装消费者都认为参加促销活动能够省钱。关于这个结果，应该是毫无悬念的。不过关于促销活动与购买之间的关系，可能需要做进一步的分析。

我们在前文分析到家装消费者对建材品牌和价格的了解时，已经谈到了家居行业产品价格不透明的问题。简单一句话描述行业的价格，那就是虚高。消费者到家居商场购物，少则价格能打七八折，多则三四折也有。其实在价格不透明的情况下，打折越多，消费者就越不相信价格的真实性。是谓没有最低，只有更低。

所以家装消费者就可能会用促销活动的大小来判断促销价格的高低：促销活动越是大，促销优惠力度也会越大。所以行业的线下销售一直很难摆脱“不促不销”的困境。

目前，线下家居商场销售仍旧是家居产品的主要渠道，但正面临越来越多的挑战。传统的爆破营销模式因其对市场的破坏性，让人既爱又恨，这几年已经慢慢淡出了人们的视野。

网络团购模式是因为互联网信息互动的功能而兴起，曾发展得如火如荼，但是经营遇到了发展瓶颈，主要障碍可能还是其复制性较差。随着互联网家装的兴起，不少团购网站开始转而运营互联网家装。驱动这个转变的根本因素，其实还是家装消费的内在逻辑。这个变化应该是理顺卖建材与做家装之间的关系。

应该是网络团购变种模式的家博会，这些年似乎开始在线下家居产品促销中唱起了主角。我们也曾经与相关人士探讨过这种模式的发展问题。我们认为，家博会模式最终的生命力应该还在于它是否能够围绕“家装要素的有效组织”这个逻辑来进行。目前来看，似乎还比较欠缺。

线上的电商平台原本就被贴上了低价的标签，但是随着线上线下一体化的发展，特别是传统品牌的线上线下一体化，线上的产品价格普遍也会与线下持平，但应该还保留着一到几款线上特价的商品。各个电商平台都有自己的大促日期，比如天猫的双 11，京东的 618 等。大促带来的销售额是巨大的。随着线上线下一体化的发展，可这种大促也应该能够带动线下家居商场的销售。可这对家居商场来说，却是说不出来的滋味。短期内能够获得更多的流量，但是长期来说，在线上线下渠道的博弈中却会因此败下阵来。

值得一提的是被称为品牌联盟的促销活动，这一直是我们关注的重点，因为它符合我们有关“家装要素有效组织”的基本发展原则。然而长期以来，品牌联盟只是在经销商层面进行，家居企业很难在全国范围内实行品牌之间的联盟促销活动。不过这个局面可能会因为未来线上线下一体化的进一步发展而被打破。

互联网家装从一出世，实际上就被打上了低价的标签，这是否能够打破未来装修主材销售“不促不销”的局面？事实上，互联网家装出世的基因以及激烈的市场竞争，使得其价格机制直逼经营利润的底线。看到现在还有不少互联网家装用“F2C”的工厂直供价体系来支持其低价的立场，其实可能完全没有必要，因为传统价格机制中所谓的F2C大多还只是玩概念，远远没有达到互联网家装能够给家装消费者提供的价格低位。所以说，互联网家装本身就是低价很好的标签，应该没有必要扯上其他不必要的参照体。

最后强调一点：无论是装修还是主材，关键可能还不是低价，而是价格透明。

(14) 我花很多时间在网上了解有关装修的知识

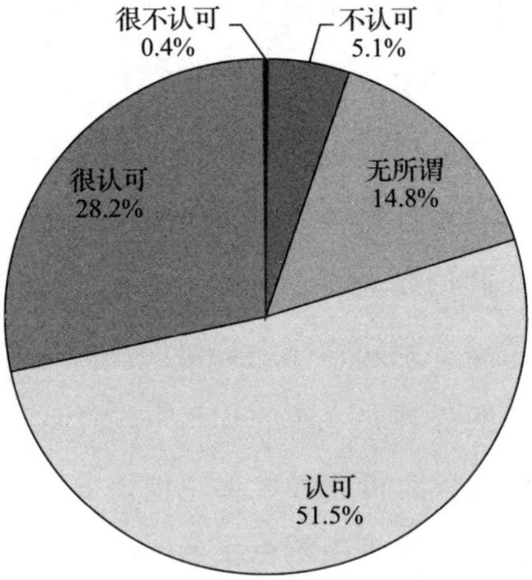

消费者对观点（14）的认可度

这是探索家装消费者信息搜索的行为。我们看到，有近 80% 的家装消费者认为自己会花很多时间在网上搜索相关信息，了解有关装修知识。

我们往往一讲到互联网就是电商，就是线上引流，就是线上销售。其实，从信息互动的功能来看，互联网为互联网家装企业提供的，是一个更加能够接近家装消费者的途径，一个更能够与家装消费者信息互动的机会。

早在 2012 年 8 月我们就提出了“家居电商营销链”的概念，因为当年我们的思维还固定在家居电商这个概念上，但现在看来实际上就是互联网家装营销链。

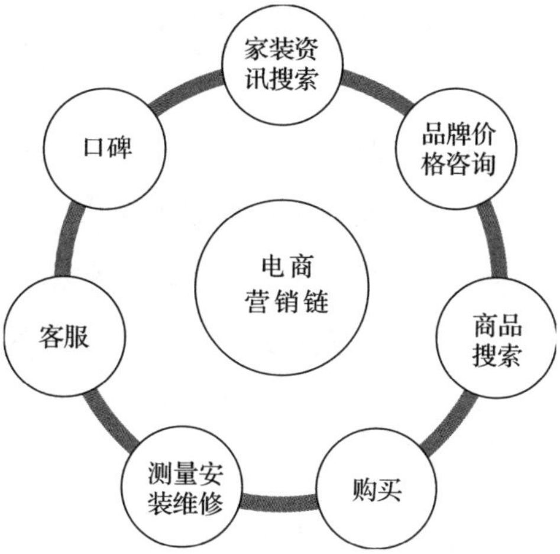

家居电商营销链

家居电商营销链直接明了地说明了互联网在家居家装企业营销前段所提供的功能，我们又称这些信息为家装消费的“前置性导购信息”，在这个认识基础上，我们在 2013 年的 6 月，就提出了“家装电商”模式。后来的发展也一步步地不断证实了我们判断的正确性。

所以说，互联网家装的本质可能还不是我们通常所理解的低价套餐，而是在整个家装消费周期内对家装消费信息的经营，是让整个家装过程，从建材的品质和价格，以及装修工程的报价和施工品质，还有验收规范等，都信息透明，让家装消费者消费得明明白白。一句话，让家装的经营完全透明化。

这才是互联网家装革命的实质。

家装消费明明白白，也就是说互联网家装企业不要与家装消费者玩心眼，然而仍有不少互联网家装公司与家装消费者斗智斗勇者。比如出个明显的低价，然后点击进去这个要另算，那个要加钱，或者只限多少套，等等。

在互联网家装运营中，还有一个十分重要的信息，就是如何通过信息透明来让家装消费者真正了解材料品质和施工品质。

互联网家装是持久战，其中一个重要的含义就是通过实践来积累家装用户的口碑，从而不断增加家装用户对互联网家装的了解和信任，提升用户转化率和转化速度。

互联网家装正在改变家装消费的习惯，从所谓“个性化”向标准化转变。刚开始消费者可能不习惯，他们会习惯性地提出这样或那样的“个性化”要求，这时互联网家装企业怎么办？是允诺消费者的要求而使供应链越来越庞大，最终拖累运营体系？还是因“残酷地”拒绝消费者的个性化要求而丢掉这个到手的生意？这可能是每个互联网家装企业都面临的难题。

解决这个难题只能打持久战，通过时间来积累消费者的评价，让消费者更好地了解和信任我们，相信我们的材料品质和施工品质，相信其他家装消费者的选择，相信我们对待消费者的诚意。

另一个十分敏感的信息透明的问题是：你敢把潜在用户放进一个群里让大家进行互动，看到其他用户怎么跟公司吐槽吗？

这是一种胆略，也是一种精神——互联网家装的精神。

如果你是消费者看到家装公司敢把潜在用户拉到一个群里来吐槽，你会怎么想？如果我们从家装消费者的需求出发来考虑这个行动，就能较好地理解这种行为的结果：获得消费者的信任。消费者会想：这家公司肯定能够把家装的事做好，否则就不敢这么做了；或者至少公司有把事做好的态度。

在家装消费中，没有比取得消费者的信任更重要的事了。而取得消费者信任的最好方法，就是信息透明。

（15）只要能够保证装修质量，装修周期长一点也无所谓。

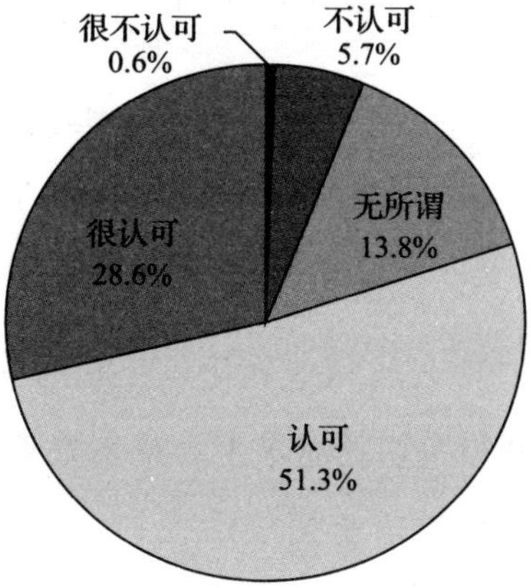

消费者对观点（15）的认可度

看到这个问题，可能很多人都会心一笑。

装修施工周期原是一个令家装消费者非常头疼的事。所以毫无疑问，合理的施工周期应该是家装公司运营中一个重要的考量指标。但是自从有了爱空间的20天装修工期承诺后，为数不少的新兴互联网家装公司似乎都很看重这个施工工期，都要和爱空间的20天工期一较高低。

可是从消费者的回答我们可以看到，约有80%的消费者愿意为了装修质量而延长施工工期，而不认可的消费者比例只有6%。

关于施工工期的问题，可能不用再做更多的探讨了。这里我们谈谈工期之外，但又与工期有点关系的话题：我们互联网家装企业的市场目标究竟瞄准的是什么？

纵观我们的营销，在某种程度上似乎过多地关注我们的竞争对手做什么，而不是去认真研究消费者究竟需要什么。这个关于针对施工工期20天的竞争，应该说是充分反映了这一点。

网上有文章解释爱空间制定的20天工期的策略，这也只是爱空间的战略之一，这里不做更多探讨。我们需要探讨的是其他一些互联网家装企业针对这个20天工期所制定的竞争策略：你工期20天，我比你工期更短。

比工期20天更短是家装消费者所需要的吗？从我们得到的调查答案来看，显然不是。

第一个问题就是，我们的市场战略应该盯紧哪里？是我们的竞争对手？还是家装消费者的需求？答案可能是一目了然的，但是一旦做起来，我们似乎又失去了目标。

互联网家装需要坚持持久战和差异化。互联网家装差异化战略，必须体现在针对解决家装消费者最关切的需求上，从消费需求中寻找差异化的支点。这要求我们从众多的家装消费需求痛点中找到自己企业最擅长的那点，然后通过持久战来实现差异化的战略。所以说，差异化是消费需求痛点与企业竞争优势相结合的结果。如果脱离了消费需求，脱离了考量自己企业的竞争优势，而是过多地去关注其他企业的战略，就可能使企业的市场战略偏离正确的方向。

差异化战略应该属于定位战略的一部分。但是我们必须明白，定位战略的一个明显缺陷，就是过多地关注竞争对手而相对忽略了对消费需求的关注。

如果我们对企业发展战略执行的过程进行仔细分析，就会发现，其实在相当程度上，差异化是持久战的结果。说明白一点，就是开始时可能大家都走在同一个方向上，但是你比其他人更坚持这个方向，而其他人却在不断关注风口在哪里，关注哪种模式更流行，所以走着走着就与你分道扬镳了。

从这个意义上来考量，我们更应该考虑家装消费者的需求，然后不管别人怎么做，自己持续地满足消费者的需求点。只要坚持了，差异化也就能够实现了。

（16）装修施工品质比建材品质更重要

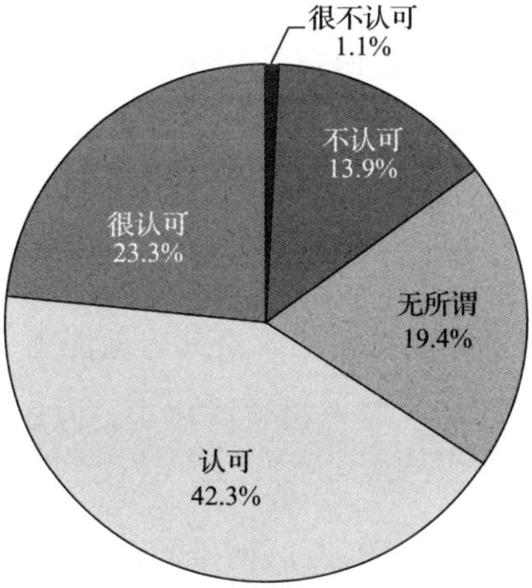

消费者对观点（16）的认可度

一个家装工程的品质应该由两部分组成：建材品质和施工品质。（当然还有隐形的设计质量，这里暂不做考虑。）那么，究竟是施工品质重要还是建材品质重要呢？65.6%的被调查家装消费者认为施工品质比建材品质更加重要，只有15%的家装消费者不认同这个观点。

传统上，我们是把做家装与买建材分开来处理，所以有了家装行业和家居行业之分。互联网家装的一个最显著的贡献就在于把家装工程与建材销售过程统一起来，成为一个整体，所以才有我们所谓的“泛家装”的概念。互联网家装更多应该是整装的概念，即把建材与装修看作是一个整体，因而这个装修工程才是最终的产品，而建材只是装修中的零部件，需要通过施工来最终实现它们的价值。所以说，一个装修工程的品质应该是建材品质与施工品质之和。

不过现在我们硬是把它们拆分开来，要家装消费者在两者之间分出个高低来。结果就是大多数家装消费者认为施工品质比建材品质更重要。

从这个调查结果中我们又能够得到哪些启发呢？

首先是我们需要更加关注施工品质，关注装修工地的交付，这不仅是家装消费者更关注的方面，同时也是一个家装工程的整体品质所在：即使是再好的材料，没有好的施工可能也白搭了。可是我们看到，很多互联网家装企业更多的是关注其组织的主材套餐，强调主材的品牌如何一线，却在很大程度上忽视了对施工品质的宣传。

有关施工品质，可能还需要多说几句。往往在互联网家装与传统家装的对垒中，互联网家装被批评的最多的就是其落地能力，即组织施工的能力。虽然这种初期的对垒现在已经越来越被淡化了，但还是值得在这里多说上几句。

其实不管是传统家装公司还是互联网家装公司，其施工资源基本都是一样的，除非真正打造公司自己拥有的施工队伍，否则都是差不多的施工队伍在承包传统家装公司或互联网家装公司的施工业务，两者之间并没有本质上的差别。

真正的差别只在于家装企业是否真正重视施工品质，重视家装工程的交付，重视家装消费者的体验和满意度。

（17）我不太相信那些帮我装修的专业人士

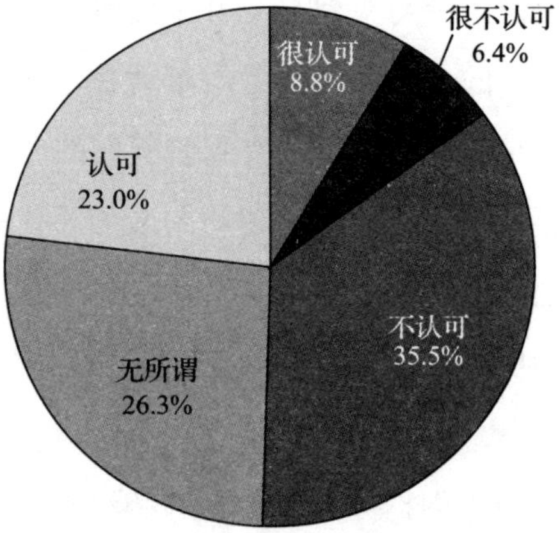

消费者对观点（17）的认可度

这又是一个回答上差异比较大的问题。有 41.9% 的家装消费者认为能够相信做家装的公司或专业人士，而有 31.8% 的消费者则认为自己不太相信帮着做家装的公司或个人。

与这个问题较为关联的另一个是，是问题消费者在取得装修建议时，是相信家装专业人士还是相信其他家装消费者。两者的区别在于信任成分的多少。

我们在研究传统家装公司与互联网家装公司的主要差异时发现，其间一个重大区别，在于互联网家装公司更加容易获得消费者的信任。这不仅仅是因为有了互联网这个信息互动的工具而使得装修信息更加透明，还是因为互联网家装标准化的运营模式使得在家装过程中的那些“挣钱的坑”被填实了，所以互联网家装公司员工在与家装消费者的接触时，不再图谋个人的私利，而是更注重家装工程自身的完善，真正从家装消费者的利益出发来思考和行动。

互联网家装的标准化运营在很大程度上打破了这种关系的基础，传统家装人士通过装修过程中的各种“不确定性”来赚取更多的机会被取消了，所以家装公司及其员工与家装消费者的关系开始向良性转变。

这应该是促进行业健康发展的一件大事。

回到家装消费者对家装专业人士的信任问题上来。正确处理企业与消费者之间的关系是企业发展战略的一个极其重要的组成部分，然而我们看到，传统家装业却因为信息不透明而使得消费者在整个家装过程中对家装公司及专业人士缺少足够的信任。现在，互联网家装希望通过互联网信息互动的功能来促使家装过程的信息透明，从而构建一种新型的用户关系，这个意义可能更加重要。

当我们认为互联网家装只是性价比高时，我们可能需要通过互联网家装是如何通过信息透明来重新构造用户关系的转变，来认识它对整个泛家装行业发展的推动作用，从而更好地认识我们目前所经历的这场互联网家装的变革。

(18) 我一般不太关注装修细节

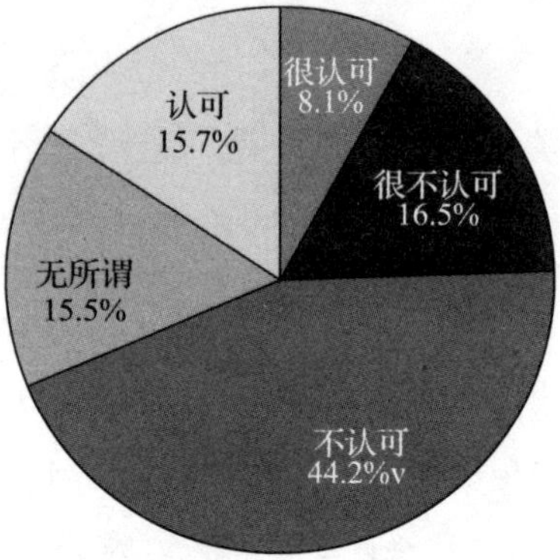

消费者对观点（18）的认可度

有60.7%的家装消费者不认为自己不关注装修细节，但是还有23.8%的消费者认为他们一般不太关注家装的细节。

这是对家装过程的关注程度。我们设计这个问题，实际上是想了解在家装消费者的心里，是如何来把控家装工程的品质的。

家装的细节可以分为专业的和非专业的。专业的部分可能需要通过一些施工工艺规范、验收标准等专业术语来描述细节问题；而非专业的则基本上是“目测”到的细节问题，比如说墙面是否平整光洁，墙砖地砖是否铺得平整等。这样一区分，我们就能够发现所谓家装消费者能够发现的“细节”可能都不是很重要了。(当然，我们这里排除了装修过程中一些特别差的质量情况，比如说涉水涉电产品的问题，另外还包括墙面不平整、墙砖剥落等严重的施工质量问题。)

作为家装消费者，应该大多都关心自己加装的质量问题。“不太关注家装细节”一方面可能是没时间没精力关注，另一方面可能也是无能力关注。在不了解家装专业工艺标准的前提下，可能非专业的关注再多也无济于事，索性也就不去关注了。

那么，作为家装公司，究竟是否欢迎家装消费者去关注装修工地的质量细节呢？

我们认为，作为一个希望做强做大的互联网家装企业，应该鼓励自己的用户关注装修工地的各种细节问题。有以下几点理由：

第一，这可以让用户更多地参与到装修过程中来，更多地与用户进行互动，听取用户对我们装修工程方方面面的反馈意见，不但可以增强用户关系，而且还能够不断改善企业的装修工程品质。

第二，从互联网家装公司的运营结构来看，有必要对工地的施工品质进行有效的监督。这种监督，可以是企业自己的监理，也可以是第三方的监理，消费者的监督可能是最没有成本的也是最有效的。如果我们能够让消费者知道如何来关注装修过程的细节，那么不但能够对施工进行有效监督，而且还能够消除施工中与用户之间扯不清的多种质量问题。

第三，这个让消费者监督装修工程的过程，实际就是装修品质信息透明的过程。

第四，互联网家装的发展是依靠用户口碑积累来支撑的，而让消费者了解装修质量的细节，增加与消费者的信息互动，是获得消费者信赖的有效途径，也是传播和积累口碑的有效途径。

当然，让家装消费者关注装修细节，应该是创造一个让家装消费者能够主动关注装修细节的条件，而不是让消费者被动地甚至是被迫地来关注装修细节，因为毕竟还是有相当比例的消费者声称是不太管装修细节的。

（19）装修是能省一点是一点

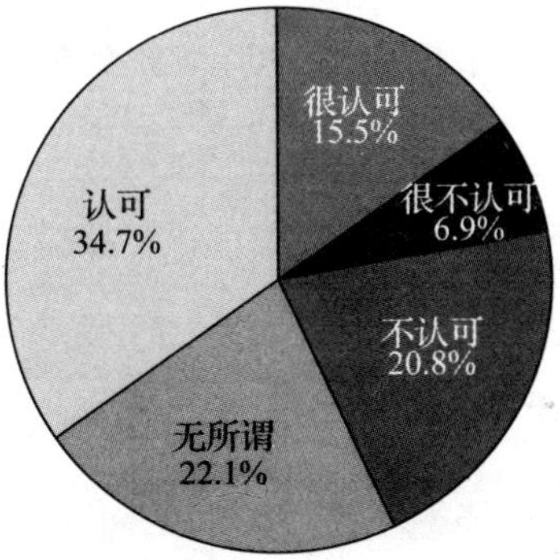

消费者对观点（19）的认可度

这又是一个出人意料的调查结果：虽然有27.7%的被调查对象不同意这个观点，但是依然有过半（50.2%）的家装消费者认为装修能省一点是一点。很显然，这个调查结果似乎与我们目前普遍宣传的“消费升级”的概念还不太一致。

为什么有这么多的家装消费者认为“装修能省一点是一点”呢?

在传统装修中，装修费用的不确定性是人们批评其诟病的一大原因，家装消费者的装修预算基本上都大大被超出。而装修预算被超出的最重要的原因，是设计方案的不确定性：设计仅是效果图，图中的装修材料（当然也包括家具等软装）需要事后一一挑选，价格自然无法控制，加上设计师还可能在中间吃回扣。同时，设计往往漏掉了许多细节，每个细节事后都要增加支出来完善；不完善的设计决定了不完善的施工报价，并且还为不完善的施工报价提供了更多借口。还有就是缺项和增项，以及购买缺项和增项材料的提成，还有缺项和增项的施工报价……

在这一系列不确定的装修支出的压迫下，家装消费者会持有怎样的态度?

从另一方面来看，“装修能省一点是一点”可能反映了家装消费者对装修和建材品质和价格不透明的消极抵触态度。面对一个品质和价格信息都不是很透明的市场，消费者可能就要通过少花钱来减少不确定性。

我们来深入探讨一下有关家装消费者消费支出的态度问题。

首先是减少家装消费的不确定性以后，家装消费者对消费支出的态度是否会改变?

家装本是每个人的一件大事，几乎每个人都应该倾全力而为之。特别是受到中国以家为中心的传统文化的熏陶，人们对一个新家充满了无比的憧憬和热爱。一般来说，“一生中就这么一次”的想法会让家装消费者尽可能地去争取更加完美的装修品质。在这种观点的驱使下，如果所花的钱确实物有所值，估计更多的家装消费者就不会再有“装修能省一点是一点”的想法了。

因为在装修品质和价格不确定的情况下，“能省一点是一点”减少的是不确定性；而在品质和价格确定的条件下，“能省一点是一点”减少的却是实实在在的装修环节或装修品质。两者不可同日而语。

其次，在互联网家装模式大幅度地降低了家装成本的条件下，消费者是否可能提高家装消费的档次？

保守估计，互联网家装整装模式可能能够为家装消费者节省30%左右的消费支出。那么，家装消费者是否可能提升自己的家装消费档次，以使其家装消费支出接近原来的消费支出呢？

根据过去对家装消费者的调查可以知道，很多家装消费者在确定家装前，不太清楚自己的装修预算究竟要多少才是合理的，所以“装修预算”是家装消费者在装修前最关注的信息。所以说，在装修预算未知的条件下，家装消费者可能并没有能力判断家装消费的实际需要支出是多少，所以在短期内可能很难把家装消费档次和支出紧密挂上钩。

但是从长期来说，随着家装消费成本的逐步透明，实际家装消费指出与家装消费档次（价值）应该趋向一个理性的平衡，但这种互联网家装与传统家装之间的比较也就失去了意义。而且那时可能有新的变量——互联网家装的品牌价值在主导消费者的选择。

第三是我们通常所说的“消费升级”在家装消费中究竟怎么来解读？

在价值被扭曲的传统家装消费向互联网家装消费的转变过程中，这可能是一个多向变化的复杂过程。其中有向品质消费方向发展的，有向价格合理方向发展的，也有如省时省心等更多方面的考量，所以我们可能无法用一个简单的结果来总结。

但是一个关键的概念应该值得我们思考，这就是“性价比”。通常，人们把性价比看成是便宜，这种观点值得探讨。“性价比”中的价是价格，这个可能没有异议，但其中的“性”则更多是消费者的价值取向，所以说“性价比”应该有多个平衡点，对每一类有着不同需求的消费者来说，他们都有一个与众不同的价值取向，所以也都应该有一个独特的“性价比”的平衡点。

“性价比”同时体现了用户需求的价值偏好以及获得满足这种需求价值偏好所需的成本这两个因素。

(20) 我不太在乎什么设计风格，关键是我自己喜欢

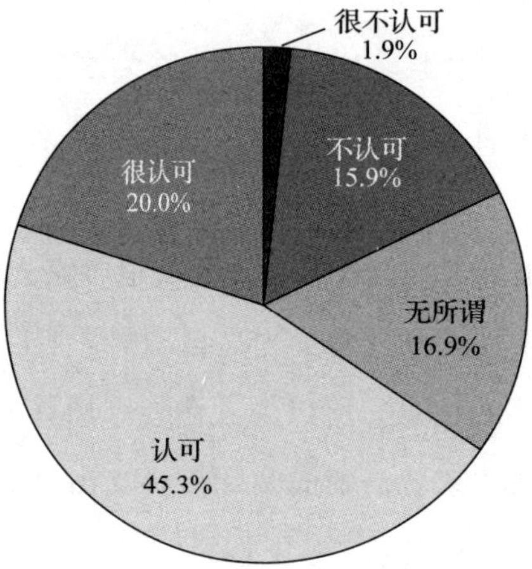

消费者对观点（20）的认可度

装修风格似乎是装修中消费者特别关注的内容。从消费者网上搜索的关键词来看，好像装修风格也名列前茅。可是有 65.3% 的被调查消费者说他们不太在乎什么设计风格，只要他们自己喜欢就好。另外有 17.8% 的消费者不同意这个观点。

关于设计风格，可能存在这样的问题：市面上流行的那几种设计风格，究竟是家装消费者的真正需求，还是我们装修行业在某种程度上强加给消费者的所谓需求?

随着互联网家装的发展，我们越来越多地对传统家装设计进行反思：传统家装设计是否能够满足家装消费者的需求? 家装是否真的需要设计? 最有价值的家装设计应该是怎样的?

对于第一个问题，答案可能比较明显：传统家装设计一般来说不能够满足消费者的需求。我们从几个方面来看这个问题：一是传统家装设计师大都

做的是销售工作，这已经是不争的事实；二是设计风格只是效果图而已，与实际施工完成后的风格之间还有着很大的差异，设计的功能更多地存在于对空间的规划上；三是很多家装公司的设计并不收费，所以也不可能提供真正有价值的设计服务。

那么，家装究竟是否需要设计？如果只是户型的空间规划，目前的住宅建筑在空间设计上应该说是越来越合理，需要重新规划的也越来越少。而整装发展的趋势，也越来越排除设计在装修中的作用。目前这种传统家装运营下的设计功能在未来可能会被越来越淡化，将可能同时在云设计软件的驱动下，形成整体装修运营中新的“设计”功能。我们甚至可能难以用“设计”来描述这个新的功能。

未来的整体家装还是有设计的，但这不是根据每户所做的设计，而是家装公司提供的整体家装的设计，我们称之为“大设计”。而针对每户的设计，应该只是根据整体家装设计而形成的映射，基本上只是大小、形状和具体位置有所差异，我们又称之为“小拼装”。互联网家装的运营模式也正在朝着适应这种设计要求的方向逐步进化。

（21）装修公司的样板间很难反映其施工品质

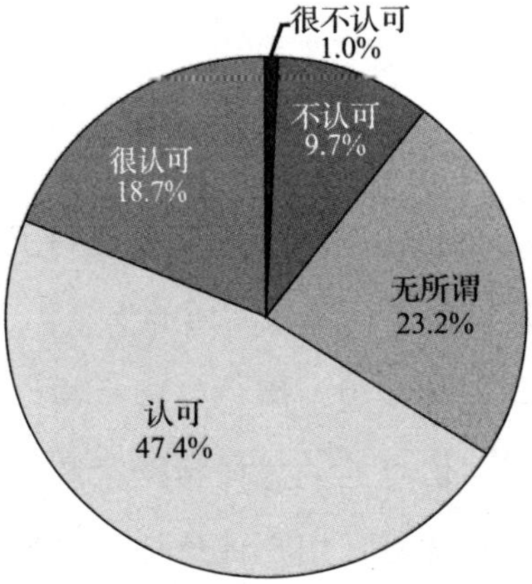

消费者对观点（21）的认可度

家装公司，不管是传统的还是新兴的，大都喜欢建规模很大的体验馆，并且在体验馆中设置样板间来显示自身的设计水平、材料品质和施工品质。可是有近三分之二（66.1%）的被调查家装消费者认为，装修公司的样板间很难反映其施工品质，只有10.7%的家装消费者反对这个观点。

这里探讨的是一个非常有趣但又非常实际的问题：家装公司究竟怎样来获得消费者的信任，从而能够更多更快地促进流量的转化？

顾名思义，样板间就是做好了让人看的，所以它应该不是公司施工品质的真实反映。如果你是家装消费者，你会相信家装公司样板间展示的施工工艺能够代表该公司的真实施工品质吗？

可能的情况是，只有在消费者看不到其他更能真实反映家装公司施工品质的条件下，公司体验馆的样板间才是迫不得已而求其次的行为。那么，我们花那样大的成本去建设公司的样板间真的值得吗？

另一种展示样板间的方法是通过免费或优惠在小区里获得少量的工地，完工后在一段时间内作为公司在小区的样板间。这种方法应该能够取得一定的效果，特别是在施工期间，以及完工后的一段时间内（往往也是小区大规模装修的阶段）。

样板间之所以重要，可能因为这是传统家装企业唯一向潜在用户展示自己装修品质的方法。但是，互联网信息互动的功能却改变了这个态势。

熟悉有关互联网信息互动理论的读者可能想到了以下几种比现有公司样板间更加有效承载并传播装修公司装修品质的信息：

首先是用户口碑。我们都知道，用户口碑是装修公司获得新用户的最有效的途径。那么，互联网的信息互动怎样帮助家装公司来展示更多的用户口碑呢？当然是通过用户评价体系。用户评价体系是反映一个公司产品和服务质量的最佳传播途径，甚至是未来家装公司建立品牌形象而必须依赖的信息体系。当然，这样的用户评价体系想要有效，还必须满足两个条件：一是家装公司的服务品质真的是好，二是用户评价不是刷出来的。

如果你是家装消费者，你会更相信哪个信息：你看到的体验馆的样板间？还是用户的真实评价？

另一个有效展示装修公司服务品质的方法是，通过实际的工地让潜在用户去参观公司的工地，可以根据消费者的要求展示不同阶段的工地，想看什么就看什么，而且都是真实可靠的。甚至还可以将潜在用户拉到工地微信群里，让他们观察公司是怎样进行施工的，甚至让他们看到公司是怎样处理施工中出现的各种问题的。

我们大概在2015年年初就提出了互联网家装公司需要着力打造一个“**以工地样板间为核心的体验营销体系**”。工地就是最好的样板间，也是最好的体验场所和最好的营销工具。

与此相比，公司体验馆的样板间似乎就显得苍白许多。

我们不是完全否定公司体验馆的样板间，而是根据互联网家装的特点，建议更多地把工地当作公司的营销阵地，减少成本，提高运营效率。

（22）与装修的品质相比，我更关心装修的个性化。

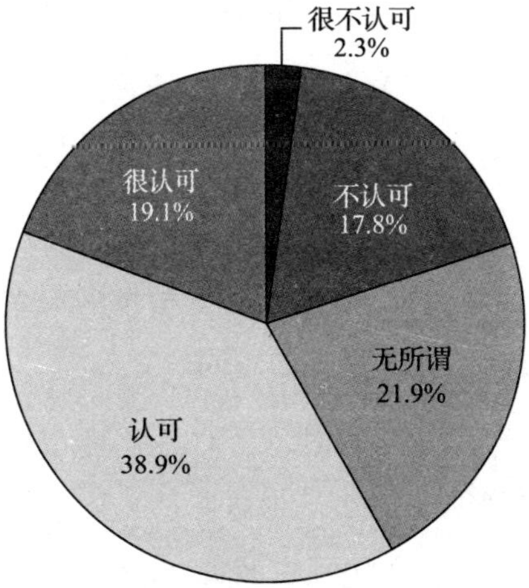

消费者对观点（22）的认可度

装修品质与装修个性化哪个更重要？有58%的被调查家装消费者说装修个性化更加重要，只有20.1%的家装消费者认为装修品质更重要。

这个调查结果有点儿出乎我们的意料。一个一般品质的个性化装修与一个缺少个性化但品质不错的装修相比较，哪个更好？

但是这个结果确实是支持家装消费个性化的需求。我们可能需要从几个方面对这个问题做进一步的分析。

首先是传统家装消费习惯的影响。传统家装，可以说都是个性化操作。从设计效果图到各种材料的选择，似乎都不存在标准化的操作。所以，装修必须个性化似乎也是家装消费者的一种共识。

但是互联网家装的整装模式正在打破这种传统的个性化的装修习惯，这是一个观念进化的过程。首先，互联网家装的整装模式可能是在那些认为装修品质重于装修个性化的消费者之间获得响应，然后逐步改变家装消费者对家装模式的认识，甚至最终改变对家装个性化的认识。

我们经常把互联网家装的整装模式比作是整车销售模式。在汽车市场上，可能很少有人去追求一个完全个性化组装的汽车，而是习惯了去购买具有不同个性品牌形象的整装汽车。随着互联网家装整装模式的不断发展，家装市场在未来也会出现以整装品牌为个性化单元的营销模式。届时，家装消费者对装修个性化的认识和偏好，应该也会随之发生相应的变化。

其次是消费者对装修个性化的理解。事实上，我们在很多情况下都把很多不同概念的个性化混为一谈。其中包括所谓根据户型大小的定制、设计风格的不同，还有就是材料款式选择上的不同。

在相当程度上，定制不应该被称为个性化，因为这只是为了满足不同尺寸大小的需求。设计风格的个性化是很有限的，因为传统家装设计颠来倒去只是那几种设计风格。假定1000万户装修，一共才有十来个通用型设计风格，平均100万户共享一种设计风格，就很难被称为个性化。而材料款式的选择，从传统装修的角度来分析，似乎在逻辑上依附于设计风格。传统装修的做法是：先确定了装修风格，然后再考虑用什么样的材料来体现选定的装修风格。

所以，家装消费者眼里的个性化可能还是一个说不清的概念。从“我喜欢的装修材料”，到“我喜欢的装修风格”，再到“我喜欢的装修”，其中的差异或许与从家装公司专业人士眼里看到的都不相同。这一点需要引起我们足够的重视。

最后我们再探讨一下装修标准化与个性化之间的辩证关系。从字面意义来看，两者似乎是对立的，标准化是对个性化的批判。但是两者之间的关系实际上却是可以相互转化的。其实大众化的个性化在某种意义上来说是一种缺少真正设计的“标准化”，而真正通过设计的所谓标准化装修，在另一个层面上可能却是一种个性化的需求。我们常问这样一个问题：当人手一个苹果手机时，我们所谓的个性化需求去哪儿了？

怎么做到“个性化很强”的标准化装修，可能是我们每个互联网家装企业需要认真思考的问题。

二、家装消费市场细分

1. 动态市场细分

我们进入一个既熟悉又很陌生的话题——市场细分。这是一个让人关于市场细分认识脑洞大开的部分，对市场细分不感兴趣的读者可以跳过。

说是熟悉，是因为市场细分已经成为我们市场营销中一个不可缺失的主题。做市场做营销的，谁不知道市场细分？但是，我们又有谁敢站出来说自己懂市场细分？我们通常所说的按人口统计变量进行市场细分，或者根据人口统计变量进行所谓的细分市场的画像等，可能只是市场细分所打开的一扇小小的窗户。

关于市场细分的神秘，不在有关的理论中而是表现在其实践中。通常，市场细分是通过消费者之间的差异化来实现的。那么，一个非常严肃但几乎没有人谈及的问题是：什么是差异化？用市场细分分析的专业术语来讲，就是我们究竟应该用什么变量来进行市场细分呢？

这个问题的答案决定了我们将有一个怎样的市场细分的结果。

原来，市场细分不是像我们想象的那样是一成不变的。用不同的差异化变量来进行市场细分，我们就能得到不同的市场细分的结果！甚至更令人迷惑的是，即使让不同的人用同样的变量来进行市场细分，我们也会得到不同的市场细分的结果！

也就是说，我们所面临的任何市场都可以被细分为各种不同的细分市场结构。我们原本认为，市场就应该根据人口统计变量按年龄、性别、收入、城市大小等因素得到一个固定的细分市场结构的认识是错误的。

比如说，我们可以单独根据消费者的年龄段来细分市场，得到“60后往上以及70后、80后和90后往下”这样的细分市场结构，这也是我们最常见的市场细分的应用。显然，这不会是唯一的细分市场结构。我们要问：为什么不是“75后往上，75后至85后和85后往下”这样的细分市场结构呢？

更进一步，我们还可以用更多的人口统计变量把市场细分为更加复杂的结构。比如说，我们可以再增加一个收入的维度，把市场细分为“70后往上和年收入20万元以上、80后和20万元以上、90后往下和20万元以上、70后往上和20万元以下、80后和20万元以下、90后往下和20万元以下”这样的细分市场结果。

我们看到的第一个问题是：当用到市场细分的变量越来越多时，似乎细分市场的结构就越来越复杂。但是更关键的问题是：判断用哪些变量来进行市场细分的标准究竟是什么？

后一个问题是营销学理论没有认真思考的问题，似乎也是一个没有解决方案的问题。接下来的一个相关问题是：即使决定了进行市场细分的变量，我们用统计学方法分析得到的细分市场结构也是不同的。那么，决定最终细分市场结构的判断标准又应该是什么呢?

我们似乎开始慢慢打开市场细分神秘的窗户。但是，我们的问题似乎才刚刚开始。

当我们用越来越多的变量来细分市场时，细分市场的结构也就越来越复杂。不仅如此，我们会看到在某些变量的维度中，许多细分市场的差异并没有很大，比如说，我们可以把“70后往上和年收入20万元以上”和“90后往下和20万元以上”合并为同一个细分市场。（当然，这里我们遇到同样一个问题是：凭什么说它们的差异不大?）

事实是，当我们用到超过三个变量来细分市场时，我们就会发现细分市场的结构已经难以把控，而且这样的细分结果在许多时候还显得毫无意义(即许多细分市场之间没有明显的差异)。所以，通常我们会引进统计学的方法来细分市场，而不是采用传统的“切西瓜”的方法把市场切成一片片无意义的细分结构。

不在此介绍统计学的分析方法。但是必须要指出两点，以供我们以后再听到市场细分的表述时有比较好的理解。

首先，当我们引入统计学方法来细分市场时，我们得到的细分市场的结果也是概率性的，有其不确定性的特点。

通常，我们用多维变量进行市场细分得到某个细分市场结果后，我们往往又得重新回到原点，用人口统计变量来描述这些细分市场，比如“90后和年收入20万元以上”。可是，我们千万不要以为这个细分市场中的消费者都是“90后和年收入20万元以上”的，而只是说这个细分市场中“90后和年收入20万元以上”的消费者比其他细分市场都要多，而且是在统计上显示出显著的差异化。

开始头晕了吧？可是还有更多让人头晕的。第二个有关市场细分结果的不确定性在于：市场中每个消费者的细分市场属性也是不确定的！当我们说某人属于某个细分市场时，只是统计分析的结果表明该消费者属于这个细分市场的概率大于属于其他细分市场的概率。

我们用概率来描述细分市场结果时，虽然有点头晕，但是习惯了就会发现更多奇妙的事情，比如说不再着迷所谓的个性化消费，因为消费者的选择应该也呈现出了概率的分部。

回到有关市场细分最最关键的问题：我们究竟用什么变量来进行市场细分呢？

我们在美国曾经帮助很多世界500强的企业进行过市场细分的研究，这个问题也是我们在实践中遇到的迷茫及思考。实践中，很多企业都是把所有能够得到的数据混在一起，运用多维统计分析来探寻企业奇妙的市场细分结构，然后找出不同细分市场之间的差异（是统计学上的差异），然后给各个细分市场取上时髦的名字，然后一旦有了营销任务，就把这个细分市场的结果运用起来。比如说做一个促销活动，为了节省宣传费用，就选择“喜欢参加促销活动”的细分市场进行宣传。

看上去很正确，而且分析表明这样做能够节省不少宣传费用。但实际上这是一个不明智的实施方法。这个被称为“喜欢参加促销活动”的细分市场，只是“喜欢参加促销活动”的消费者的比例统计上显著多于其他的细分市场而已。换句话说，这个细分市场中并不是所有的消费者都是“喜欢参加促销活动”。比如说，这个细分市场中，有39%的消费者是“喜欢参加促销活动”，而其他细分市场“喜欢参加促销活动”消费者的比例低于20%。这样一来，这个促销活动宣传的有效率只有39%，确实高于如果不分细分市场统一进行宣传的有效性28%（假定总体上“喜欢参加促销活动”消费者的比例是28%）。

细心的读者可能要问：那我们为什么不选择“喜欢参加促销活动”

的消费者来进行促销活动的宣传呢？那样的话，宣传的有效性可以高达100%！

为什么不这样做呢？因为企业已经做了市场细分研究，有了一个固定的市场细分结构；并且还因为企业认为它的市场细分结构是固定的，是唯一不变的。

到此，我们对市场细分的认识应该已经超越了很多MBA学生。用市场细分的专业术语，我们已经是统计上市场细分知识显著高于其他群体，但这不表明我们每个人就是最懂市场细分的。

其实对上面这个市场细分应用的案例，我们可能已经知道答案：你要宣传促销活动，那就选择喜欢促销活动的消费者。

我们开始重新细分消费者了：用的是“喜欢参加促销活动”这一个变量，把消费者分成两个细分市场：“喜欢参加促销活动”和“不喜欢参加促销活动”。当我们针对“喜欢参加促销活动”的消费者进行促销活动宣传时，我们的有效率达到100%。

我们把这样的市场细分的理念和方法称之为“动态市场细分”。

动态市场细分理论告诉我们：①市场细分的结果不是唯一的。②我们需要根据我们的营销任务，动态地进行市场细分。③我们选择动态市场细分的变量是根据市场营销目标和任务而确定的。

接下来，我们将根据动态市场细分的理论，对家装消费市场进行市场细分研究，探索互联网家装发展的潜在市场。

2. 家装消费市场的细分

本节我们将根据动态市场细分的理论，对家装消费市场进行分析，探索互联网家装发展中的诸多问题。

传统装修基本是个性化的服务，从设计到材料和家具软装的选择，都体现了彻头彻尾的个性化。以致于“无个性化不装修”。但是，装修的个性化服务模式也导致装修企业无法在地域上进行有效的市场拓展。可以说，装修服务的个性化是限制装修企业规模发展的主要障碍。

对于装修服务的个性化问题，我们在前面的分析中已有论述。实际上，我们不能简单地把个性化理解为“每个消费者都有不同的需求”，而应该从市场细分的角度，理解为一群具有相同消费需求的装修用户。这样，我们就能够把市场细分的理论运用到互联网家装发展的研究中，就能够将家装消费个性化的需求，转化为针对某个家装消费细分市场的标准化服务模式。

市场细分，是个性化与标准化的对立统一。

互联网家装的标准化服务，就是在这个认识基础上形成的。

早在2015年年初互联网家装刚刚开始时，我们就指出，互联网家装发展必须坚持持久战与差异化发展。这里所说的差异化，其实就是细分市场，就是细分市场的标准化。

就互联网家装发展来说，市场细分的意义在于两个方面：一是确定互联网家装发展的市场前景，二是确定互联网家装发展的差异化战略。

家装消费观点因何不同？

我们这里尝试用22个家装消费观点来对家装细分市场进行细分。

首先，我们可能需要来考量一下这些家装消费观点与我们所熟悉的按照人口统计变量进行市场分类的思维惯例是否有一致性。我们选取22个家装观点中比较特殊的几个观点（这几个观点在后文中会用来进行市场细分。），研究这些观点与城市线级、家庭收入、装修预算、年龄、房屋面积之间的关系。为简化表格的信息，我们将被调查者对观点的态度简化为认可、无所谓和不认可三种，其中认可包括了原来的“认可”与“很认可”，不认可包含原来的“不认可”与“很不认可”。

观点2：装修是一件很烦心的事。

消费者对观点 2 的表态与城市线级表

观点表态 / 城市线级	不认可	无所谓	认可
一线城市	14.9%	16.6%	68.6%
二线城市	14.7%	22.2%	63.1%
三线城市	22.7%	18.4%	58.9%

消费者对观点 2 的表态与年龄表（2）

观点表态 / 年龄	不认可	无所谓	认可
20—30 岁	15.3%	19.6%	65.1%
31—40 岁	16.0%	19.3%	64.7%
41—50 岁	29.3%	18.0%	52.7%

消费者对观点 2 的表态与装修预算表

观点表态 / 装修预算	不认可	无所谓	认可
5 万元及以下	13.2%	13.2%	73.5%
5—10 万元	17.5%	20.6%	61.9%
10—15 万元	19.6%	19.1%	61.3%
15—20 万元	19.6%	20.1%	60.3%
20 万元以上	14.8%	14.8%	70.4%

消费者对观点 2 的表态与房屋面积表

观点表态 / 房屋面积	不认可	无所谓	认可
<60 平方米	13.0%	13.0%	73.9%
61—90 平方米	16.3%	18.5%	65.2%
91—110 平方米	19.5%	16.7%	63.8%
111—120 平方米	18.2%	22.1%	59.6%
>120 平方米	19.5%	21.0%	59.5%

消费者对观点 2 的表态与家庭收入表

观点表态 家庭收入	不认可	无所谓	认可
<8 000 元	10.1%	17.7%	72.2%
8 000 - 17 000 元	17.4%	19.3%	63.2%
17 000 - 26 000 元	20.0%	19.4%	60.7%
>26 000 元	22.4%	18.2%	59.4%

对这个装修观点的态度，似乎一线城市的消费者更加认同；年龄上来看，似乎年龄越大，对此观点的认同度就越小；以装修预算来分的人群来看，一头一尾两组低预算和高预算的人群对此观点的认可度要高于位于中间段的中等装修预算的人群；对于装修户型面积，面积越小的似乎此改观点的认同度也越高；而在家庭收入的细分中，收入越低，对这个装修观点的认同度也就越高。

这个结果，可能与我们的“常识”有所不同。除了一线城市消费者更加认同这一观点外，常识上，那些装修预算高、装修面积大且家庭收入高的消费者，时间也相对较少，本应会认可此观点；另外，年龄越小，耐心就越少，也应更认可此观点。但上述结论却与常识有不少出入。

观点 7：如果价格足够优惠，装修风格不重要。

消费者对观点 7 的表态与城市线级表

观点表态 城市线级	不认可	无所谓	认可
一线城市	52.6%	12.0%	35.4%
二线城市	54.7%	19.1%	26.2%
三线城市	55.1%	14.7%	30.1%

消费者对观点 7 的表态与年龄表

观点表态 年龄	不认可	无所谓	认可
20—30 岁	53.1%	15.1%	31.8%
31—40 岁	53.9%	16.1%	30.0%
41—50 岁	57.7%	14.0%	28.3%

消费者对观点 7 的表态与装修预算表

装修预算＼观点表态	不认可	无所谓	认可
5 万元及以下	48.5%	19.1%	32.4%
5—10 万元	48.6%	19.4%	31.9%
10—15 万元	55.8%	15.4%	28.8%
15—20 万元	57.3%	12.6%	30.2%
20 万元以上	59.3%	10.2%	30.6%

消费者对观点 7 的表态与房屋面积表

房屋面积＼观点表态	不认可	无所谓	认可
<60 平方米	43.5%	21.7%	34.8%
61—90 平方米	52.1%	16.0%	31.9%
91—110 平方米	53.9%	18.1%	28.0%
111—120 平方米	56.0%	11.1%	32.9%
>120 平方米	56.6%	14.3%	29.2%

消费者对观点 7 的表态与家庭收入表

家庭收入＼观点表态	不认可	无所谓	认可
<8 000 元	49.4%	24.1%	26.6%
8 000 - 17 000 元	52.7%	15.7%	31.6%
17 000 - 26 000 元	57.2%	14.7%	28.1%
>26 000 元	55.8%	12.1%	32.1%

对于这个问题，我们把关注放在“不认可”上。可以粗略地看到，一线城市的、家庭收入高的、装修面积大的、装修预算高的、年龄大的，都较其他人群更不认可这个观点。这个分析结果似乎是在我们的意料之中。

值得指出的是，虽然我们可以看到这样一个较为显著的趋势，但在实际操作中，千万不要将“较为显著”中的“较”字去掉，认为一线城市的、家庭收入高的、装修面积大的、装修预算高的、年龄大的人群就都不认同这个观点。我们可以看到，在各组的比较中，尽管不同人群对“不认同”这个观点的百分比与其他组有着较为显著的差异，但这个差异并不是大到可以认为整组人群都“不认同”这个观点。

这是我们在读数据的统计分析报告时要时刻牢记的一个重要环节。

观点10：装修基本过得去就可以了，家庭装饰的个性化主要是通过软装来实现的。

消费者对观点10的表态与家庭收入表

观点表态 城市线级	不认可	无所谓	认可
一线城市	38.0%	17.1%	44.9%
二线城市	37.8%	20.4%	41.8%
三线城市	35.0%	18.7%	46.3%

消费者对观点10的表态与年龄表

观点表态 年龄	不认可	无所谓	认可
20—30岁	38.9%	17.6%	43.6%
31—40岁	36.4%	21.6%	42.0%
41—50岁	33.3%	14.0%	52.7%

消费者对观点10的表态与装修预算表

观点表态 装修预算	不认可	无所谓	认可
5万元及以下	29.4%	23.5%	47.1%
5—10万元	28.1%	22.8%	49.2%
10—15万元	36.2%	17.8%	45.9%
15—20万元	44.0%	15.8%	40.2%
20万元以上	43.5%	19.4%	37.0%

消费者对观点 10 的表态与房屋面积表

观点表态 房屋面积	不认可	无所谓	认可
<60 平方米	30.4%	21.7%	47.8%
61—90 平方米	32.9%	19.8%	47.3%
91—110 平方米	34.8%	18.5%	46.7%
111—120 平方米	40.1%	13.7%	46.3%
>120 平方米	39.7%	23.0%	37.3%

消费者对观点 10 的表态与家庭收入表

观点表态 家庭收入	不认可	无所谓	认可
<8 000 元	26.6%	25.3%	48.1%
8 000—17 000 元	36.9%	18.0%	45.1%
17 000—26 000 元	36.8%	20.9%	42.2%
>26 000 元	38.8%	13.3%	47.9%

这是一个与互联网家装发展紧密相关的家装消费观点。对这个观点的认同度，在城市线级之间似乎不存在十分明显的差异，而以装修预算来划分，显然装修预算较小的群体更加认可个性化要靠软装来实现的观点。就年龄而言，年龄最大的一组对此观点的认同度最高，达到 52.7%；就装修面积来说，住方大于 120 平方米的人群对该观点的认同度是最低的，但是有意思的是，这一人群对该观点的不认同度却不是最高的；就家庭收入细分来说，对该观点的认同度之间差异并不是很大，但是对此观点的“不认可”比例之间的差异却大得多，其中最高收入人群比最低收入人群的“不认可”比例要高出 12 个百分点。

但是，我们依然能够感受到所谓的统计学中的显著差异性与我们日常工作生活中所认为的差异性之间的巨大不同。这是我们在阅读和运用数据研究报告时需要认真关注的方面。

观点11：装修最好是让专业的装修公司/人士搞定，我能够不参与就尽量不参与。

消费者对观点11的表态与城市线级表

城市线级 \ 观点表态	不认可	无所谓	认可
一线城市	31.1%	19.4%	49.4%
二线城市	43.8%	15.3%	40.9%
三线城市	39.7%	18.6%	41.7%

消费者对观点11的表态与年龄表

年龄 \ 观点表态	不认可	无所谓	认可
20—30岁	36.7%	16.0%	47.3%
31—40岁	40.3%	19.2%	40.5%
41—50岁	39.0%	17.0%	44.0%

消费者对观点11的表态与装修预算表

装修预算 \ 观点表态	不认可	无所谓	认可
5万元及以下	51.5%	17.6%	30.9%
5—10万元	38.3%	16.7%	45.0%
10—15万元	39.4%	18.0%	42.6%
15—20万元	36.4%	17.6%	46.0%
20万元以上	39.8%	21.3%	38.9%

消费者对观点11的表态与房屋面积表

房屋面积 \ 观点表态	不认可	无所谓	认可
<60平方米	56.5%	4.3%	39.1%
61—90平方米	38.0%	21.1%	40.9%
91—110平方米	38.5%	17.7%	43.8%
111—120平方米	40.7%	16.0%	43.3%
>120平方米	37.6%	17.5%	44.9%

消费者对观点 11 的表态与家庭收入表

家庭收入 \ 观点表态	不认可	无所谓	认可
<8 000 元	45.6%	13.9%	40.5%
8 000—17 000 元	39.7%	17.0%	43.2%
17 000—26 000 元	38.2%	20.3%	41.5%
>26 000 元	34.5%	15.2%	50.3%

对于这个观点的认同程度，在以家庭月收入划分的人群中有着显著的差异。其中月收入最高的那组人群中的认可度最高，达到了 50.3%；同样的显著差异性也发生在以装修预算和以装修面积所划分的人群中，但是是在对"不认可"的态度上。我们看到，装修预算 5 万元以下人群对该观点的不认可比例高达 51.5%，而装修面积小于 60 平方米的人群不认同该观点的比例达到了 56.5%，比装修面积大于 120 平方米的人群不认可该观点的比例要高出近 20 个百分点。

观点 19：装修能省一点是一点。

消费者对观点 19 的表态与城市线级表

城市线级 \ 观点表态	不认可	无所谓	认可
一线城市	22.3%	22.0%	55.7%
二线城市	30.2%	22.2%	47.6%
三线城市	28.9%	22.1%	49.0%

消费者对观点 19 的表态与年龄表

年龄 \ 观点表态	不认可	无所谓	认可
20—30 岁	23.6%	21.8%	54.7%
31—40 岁	27.9%	23.3%	48.8%
41—50 岁	33.7%	19.7%	46.7%

消费者对观点 19 的表态与装修预算表

装修预算 \ 观点表态	不认可	无所谓	认可
5 万元及以下	14.7%	30.9%	54.4%
5—10 万元	27.5%	23.1%	49.4%
10—15 万元	25.1%	21.4%	53.5%
15—20 万元	30.4%	23.1%	46.5%
20 万元以上	40.7%	13.9%	45.4%

消费者对观点 19 的表态与房屋面积表

房屋面积 \ 观点表态	不认可	无所谓	认可
<60 平方米	21.7%	13.0%	65.2%
61—90 平方米	24.0%	23.0%	53.0%
91—110 平方米	27.4%	21.4%	51.2%
111—120 平方米	30.6%	23.1%	46.3%
>120 平方米	29.4%	22.2%	48.4%

消费者对观点 19 的表态与家庭收入表

家庭收入 \ 观点表态	不认可	无所谓	认可
<8 000 元	20.3%	24.1%	55.7%
8 000—17 000 元	26.6%	20.4%	53.0%
17 000—26 000 元	28.7%	23.8%	47.5%
>26 000 元	33.3%	23.6%	43.0%

对这个观点的回答，基本符合我们的常识：年纪轻的、装修面积小的、装修预算低的以及家庭收入低的，更多会认同。但是我们要注意，这只是“基本符合”，其中也有例外，比如说在以装修预算划分的人群以及在以装修面积划分的人群中，对该观点的认同度并没有严格地与装修预算或装修面积成简单的负相关对应。另外需要注意的是：一线城市消费者对该观点的认同

度要高于二三线城市的消费者，并且三线成熟的消费者的认同度要高于二线城市的消费者，虽然两者之间的差异并不是很大。

观点20：我不太在乎什么设计风格，关键是我自己喜欢。

消费者对观点20的表态与城市线级表

观点表态 城市线级	不认可	无所谓	认可
一线城市	17.1%	20.9%	62.0%
二线城市	16.9%	16.4%	66.7%
三线城市	18.7%	15.3%	66.0%

消费者对观点20的表态与年龄表

观点表态 年龄	不认可	无所谓	认可
20—30岁	15.8%	18.0%	66.2%
31—40岁	18.7%	16.4%	64.9%
41—50岁	18.7%	16.7%	64.7%

消费者对观点20的表态与装修预算表

观点表态 装修预算	不认可	无所谓	认可
5万元及以下	8.8%	13.2%	77.9%
5—10万元	15.0%	14.2%	70.8%
10—15万元	19.1%	15.5%	65.4%
15 - 20万元	20.9%	21.9%	57.3%
20万元以上	14.8%	17.6%	67.6%

消费者对观点20的表态与房屋面积表

观点表态 房屋面积	不认可	无所谓	认可
<60平方米		17.4%	82.6%
61—90平方米	18.2%	14.7%	67.1%

91—110 平方米	16.7%	17.9%	65.4%
111—120 平方米	18.9%	20.2%	60.9%
>120 平方米	19.2%	14.6%	66.2%

消费者对观点 20 的表态与家庭收入表

家庭收入 \ 观点表态	不认可	无所谓	认可
<8 000 元	7.6%	15.2%	77.2%
8 000—17 000 元	15.9%	16.9%	67.2%
17 000—26 000 元	20.9%	17.6%	61.4%
>26 000 元	21.2%	15.8%	63.0%

很明显的是，家庭收入越低、装修预算越低以及装修面积越低，对该观点的认同度也就越高，显示了对设计风格在消费者意识中的成本考虑因素。在年龄分组以及城市线级分组中，对该观点的差异性不是很明显。另一个值得关注的数据是装修预算分组中预算最高的那组消费者中，不在乎设计风格的比例（67.6%）要高于装修预算次于它的另外两个分组。

观点 22：与装修的品质比较，我更关心装修的个性化。

消费者对观点 22 的表态与城市线级表

城市线级 \ 观点表态	不认可	无所谓	认可
一线城市	21.1%	21.7%	57.1%
二线城市	22.4%	22.0%	55.6%
三线城市	18.0%	22.0%	60.0%

消费者对观点 22 的表态与年龄表

年龄 \ 观点表态	不认可	无所谓	认可
20—30 岁	22.4%	20.0%	57.6%
31—40 岁	19.1%	24.7%	56.3%
41—50 岁	19.0%	18.0%	63.0%

消费者对观点 22 的表态与装修预算表

装修预算 \ 观点表态	不认可	无所谓	认可
5 万元及以下	32.4%	27.9%	39.7%
5—10 万元	20.0%	25.6%	54.4%
10—15 万元	17.0%	18.0%	65.0%
15—20 万元	21.9%	23.1%	55.0%
20 万元以上	22.2%	22.2%	55.6%

消费者对观点 22 的表态与房屋面积表

房屋面积 \ 观点表态	不认可	无所谓	认可
<60 平方米	34.8%	26.1%	39.1%
61—90 平方米	22.0%	22.7%	55.3%
91—110 平方米	16.9%	25.7%	57.4%
111—120 平方米	20.8%	17.3%	61.9%
>120 平方米	21.3%	19.5%	59.2%

消费者对观点 22 的表态与家庭收入表

家庭收入 \ 观点表态	不认可	无所谓	认可
<8 000 元	30.4%	22.8%	46.8%
8 000—17 000 元	18.0%	22.3%	59.7%
17 000—26 000 元	19.8%	22.3%	57.9%
>26 000 元	25.5%	18.8%	55.8%

从以上几组数据中可以看出，装修预算最低的消费群体、装修面积最小的消费群体，或者是家庭月收入最低的消费群体，认同这个观点的比例都要远低于其他分组人群；同时，其“不认可”该观点的比例，也高于其他人群分组。从以年龄分组和以城市线级分组的情况看，都出现了“两头高中间低”的现象。

以上我们对装修消费观点的分组分析，可以让我们看到其中有着明显的差异性。这种差异性的成因，有些是在意料之中的，但有些分析结果却在意料之外。这是由市场细分的复杂性所决定的。

很显然，通过这种一对一变量的方法，很难让我们得到一个完整的细分市场的图像。事实上，这样的分析在某种程度上更像是盲人摸象。我们只看到一个个的片段，但是很难将这些结果串起来，形成一个完整的图像。

接下来，我们将通过多维的细分市场分析，来弥补以上的不足。

3. 根据家装消费观点对家装消费市场的细分

接下来我们用前文提到的 22 个观点来对家装消费者进行细分，看他们到底在哪些方面存在着差异，这些差异又有多大。通过这种根据家装消费观点的不同对消费者进行分类，是市场细分中最常见的方法。在分类完成后，我们还要对消费者的一些基本信息进行较详细的分析，以便我们从这些分析中得到更多更详尽的观察结果，对家装细分市场有更加深刻的了解和认识。

值得指出的是，这里我们不再是传统用人口统计变量对家装消费者进行比较教条的分类画像。同时，分类的结果也不是唯一的，甚至其中没有最好的分类结果。根据“动态市场细分”的理论，合适的分类才是最好的分类。

运用统计学中的分类分析方法，我们得到了多个市场细分的结果。其中我们分别选择了 4 个、5 个和 6 个细分市场的结果来进行比较分析。理论上没有太多的依据为什么是选择 4—6 个细分市场，但实践中我们一般都这么做，原因应该是把市场分成 3 个显得不够细致，而细分市场太多在分析上又很琐碎和麻烦。当然，如果我们是奔着一个明确目的去探寻某个细分市场的价值，情况可能又有不同。

关于市场细分分别是 4 个细分市场结果的详细分析：

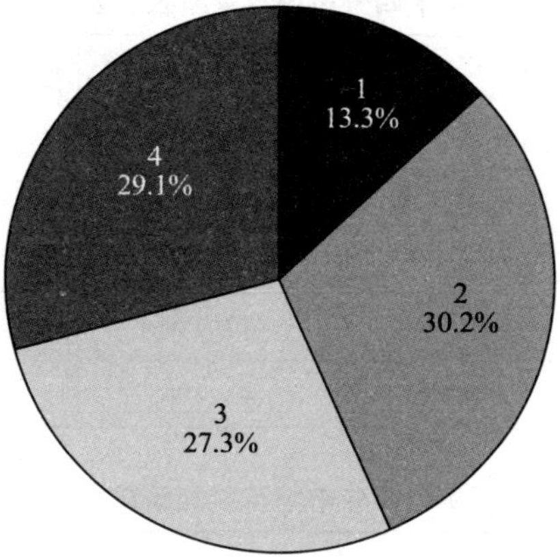

4 类细分市场比例分布

首先，我们看到上图的细分市场比例，除细分市场 1 较小外，只有 13.3%，其他三个细分市场基本上是平分秋色。

接下来我们看一下各个细分市场的人口统计变量的分部情况。

4 个四分市场与城市线级表

细分市场＼城市线级	一线城市	二线城市	三线城市
1	12.0%	23.5%	64.5%
2	24.1%	34.9%	41.1%
3	22.0%	30.2%	47.8%
4	29.1%	27.7%	43.2%

4 个四分市场与年龄表

细分市场＼年龄	20—30 岁	31—40 岁	41—50 岁
1	13.0%	44.0%	43.0%
2	30.9%	53.6%	15.5%
3	34.4%	48.5%	17.1%
4	32.7%	50.3%	16.9%

4 个四分市场与家庭收入表

细分市场 \ 家庭收入	<8 000 元	8 000 - 17 000 元	17 000 - 26 000 元	>26 000 元
1	2.5%	47.0%	39.5%	11.0%
2	2.9%	50.3%	34.9%	11.9%
3	10.5%	49.3%	33.7%	6.6%
4	4.1%	49.4%	32.3%	14.2%

4 个四分市场与装修预算表

细分市场 \ 装修预算	5 万元及以下	5—10 万元	10—15 万元	15—20 万元	20 万元以上
1	1.0%	22.0%	47.0%	23.5%	6.5%
2	2.4%	19.4%	36.4%	33.1%	8.6%
3	11.0%	29.3%	33.2%	21.2%	5.4%
4	2.3%	24.7%	39.1%	26.1%	7.8%

我们并没有看到一个细分市场之间黑白分明的人口统计变量的差异。综上四个表格，细分市场 1 可能更偏重于三线城市，并且年龄明显更多在 40—50 岁之间，但同时装修预算在 10—15 万元之间的比例也较高。细分市场 3 中，家庭月收入低于 8000 元的比例明显要高一些，同时装修预算低于 5 万元的比例也较高。

具体分析，细分市场所在的线级城市差异主要体现在细分市场 1 和细分市场 4 上。细分市场 1 的特点是超过六成的比例分布在三线城市，细分市场 4 在一线城市的比例最大，细分市场 2 和细分市场 3 无明显差异；

从年龄分组来看，细分市场 1 主要以中老年为主，41—50 岁的人口比例为 43%，远远高于其他三类人群。而其他细分市场没有较明显的差异，多为中青年人；

从家庭收入分组来看，细分市场 1 收入最高，其次是细分市场 4 和细分市场 2，两者差异较小，而最低的为细分市场 3；

装修预算分组中，细分市场 2 的装修预算最高，主要预算在 15 万元以上，细分市场 1 和细分市场 4 基本没有明显区别，细分市场 3 装修档次最低。

传统市场细分的做法，就是用以上的特征来命名个细分市场，如细分市场 1 为“欠发达城市中产阶级中高档装修”；细分市场 2 为“较发达城市青年才俊高档装修”；细分市场 3 为“较发达城市小白领低档装修”；细分市场 4 为“发达城市青年才俊中高档装修”。

如果我们用统计学的方法来检测不同细分市场之间的差异，我们就可能得到更多的显著性差异，但是这些差异似乎不足以用来描述这些细分市场之间真正的本质不同。以上的各种细分市场的命名也极容易使人忘记了以上那些统计数据的比例，并转而认为这些特征就是 100% 的人群组成。

我们知道这是十分不妥的。

记得我们是通过 22 个装修消费观点来进行市场细分的。于是，我们将目光投向了这 22 个观点在各个细分市场之间的差异。我们能够通过这 22 个观点的不同来描述各个细分市场之间的本质差异吗？

表是四个细分市场中消费者对各个装修消费观点的平均值，其中“1”表示很不认可，“5”表示非常认可，所以平均值越高，认可程度也就越高。

22 个观点在 4 个细分市场中的平均值表

观点＼细分市场	1	2	3	4
1	4. 13	3. 43	3. 68	4. 25
2	2. 12	3. 73	3. 8	4. 03
3	4. 31	4. 06	3. 55	4. 15
4	4. 48	4. 3	3. 58	4. 19
5	4. 4	4. 14	3. 26	4. 08
6	2. 9	3. 21	3. 49	4. 16

（续）

观点 \ 细分市场	1	2	3	4
7	**2.15**	**1.92**	**2.68**	**3.86**
8	**4.27**	**3.80**	**3.09**	**4.14**
9	**4.51**	**4.33**	**3.66**	**4.09**
10	**3.48**	**2.13**	**3.18**	**4.07**
11	**3.13**	**2.17**	**3.11**	**3.96**
12	4.27	4.24	3.89	4.28
13	4.27	4.16	3.57	4.17
14	4.15	3.48	3.35	4.15
15	4.17	3.93	3.60	4.17
16	4.43	4.17	3.50	4.17
17	2.53	2.35	2.88	3.74
18	1.74	1.80	2.64	3.60
19	2.78	2.80	3.34	4.06
20	3.57	3.36	3.55	4.11
21	3.83	3.45	3.57	4.13
22	4.28	3.01	3.11	4.18

这是一个非常复杂的表格，即使是一个熟练的统计工作者，也很难从这个表格中总结出各个细分市场之间的本质差异。不过我们从这个表格的复杂关系中，却可能第一次领悟到我们通常认为非白即黑的市场细分的虚幻。这种非白即黑的细分市场的虚幻，还因为我们在计算谁是属于哪个细分市场时，也用了概率排除法，即每个被调查的消费者都有属于每个细分市场的大于零的概率。比如说，某个被调查者属于各个细分市场的概率分别是：23%、35%、10%、12%和20%，则我们根据最大概率把这位消费者判断为属于细分市场2。

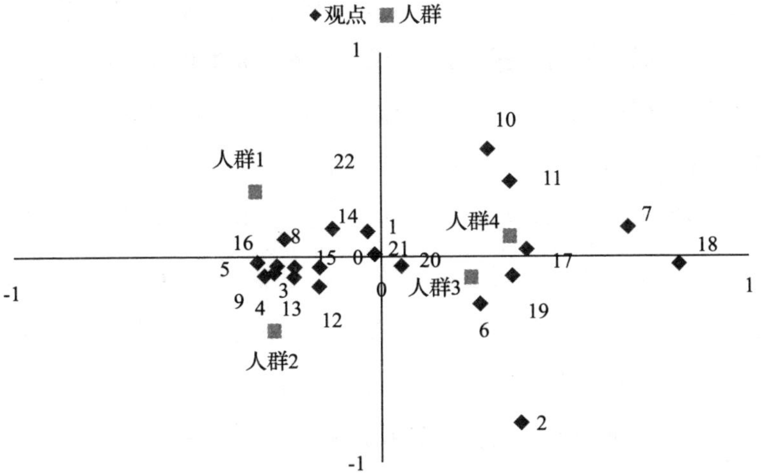

4 个细分市场的细分市场特征分析

这个表格向我们展示了这样一个事实：即使我们用原来进行市场细分的22 个消费观点变量来分析这四个细分市场的差异，我们依然可能一头雾水。为此，我们采用了一种“降维”的统计方法，将以上这张图上所表示的各个细分市场的22 个消费观点之间的关系放置到一个二维的平面图上，以更好地观察各个细分市场之间的差异。

从上图中可以发现，细分市场 1 距离观点 8（我了解装修材料的品牌和价格）和观点 14（装修施工品质比建材品质更重要）距离较近，说明细分市场 1 对装修材料和施工品质更为重视。

细分市场 2 距离观点 3、4、5、9、12、13、15、16 较近，一方面说明细分市场 2 较认同这些观点；另一方面，观点 3、4、5、9、12、13、15、16 比较集中，表明这些观点所反映的问题的相关性也较高；

除此以外，可发现细分市场 3 距离观点 6（只要品质有保障，我不在乎装修材料的品牌知

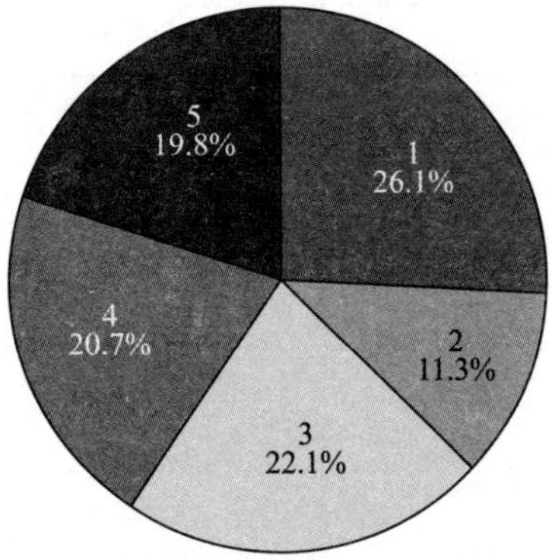

5 个细分市场比例分布

名度)、观点19（装修是能省一点是一点）和观点20（我不太在乎什么设计风格，关键是我自己喜欢）较近，说明细分市场3对装修成本和产品品质更为在意，而对装修风格不太重视，也进一步验证了细分市场3更偏向于低档装修的特点。

细分市场4距离观点17（我不太相信那些帮我装修的专业人士）、观点7（如果价格足够优惠，装修风格不重要）、观点10（装修基本过得去就可以了，家庭装饰的个性化主要是通过软装来实现的）和观点11（装修最好是让专业的装修公司/人士搞定，我能够不参与尽量不参与）最近，说明细分市场4对这些观点的认可度更高。值得指出的是，因为“降维”过程中有信息损失，所以最后的二维图与原表格之间看起来有一些不一致。

接下来是5个细分市场以及6个细分市场结果的分析，我们只是展示分析结果，具体的分析结果解读，请读者充当一把市场细分的分析师，参照以上4个细分市场的分析结果来自己来分析一下。

5个细分市场与城市线级表

细分市场＼城市线级	一线城市	二线城市	三线城市
1	29. 10%	27. 80%	43. 10%
2	17. 10%	22. 40%	60. 60%
3	20. 20%	35. 60%	44. 10%
4	22. 90%	30. 30%	46. 80%
5	23. 20%	30. 60%	46. 10%

5个细分市场与年龄表

细分市场＼年龄	20—30岁	31—40岁	41—50岁
1	32. 70%	50. 50%	16. 80%
2	17. 60%	42. 90%	39. 40%
3	34. 10%	52. 00%	13. 90%
4	32. 60%	51. 30%	16. 10%
5	26. 30%	49. 80%	23. 90%

5 个细分市场与家庭收入表

家庭收入 / 细分市场	<8 000 元	8 000 – 17 000 元	17 000 – 26 000 元	>26 000 元
1	4. 10%	49. 70%	32. 40%	13. 80%
2	2. 90%	52. 90%	34. 10%	10. 00%
3	7. 30%	55. 30%	29. 60%	7. 90%
4	9. 00%	49. 70%	33. 50%	7. 70%
5	2. 00%	39. 70%	43. 40%	14. 80%

5 个细分市场与房屋面积表

房屋面积 / 细分市场	<60 平方米	61 –90 平方米	91 –110 平方米	111 –120 平方米	>120 平方米
1	0. 80%	20. 70%	34. 20%	19. 60%	24. 70%
2	1. 80%	17. 60%	35. 90%	26. 50%	18. 20%
3	2. 40%	23. 00%	33. 80%	16. 00%	24. 80%
4	2. 60%	25. 80%	35. 50%	19. 00%	17. 10%
5	0. 30%	15. 50%	32. 70%	24. 60%	26. 90%

5 个细分市场与装修预算表

装修预算 / 细分市场	5 万元及以下	5—10 万元	10—15 万元	15—20 万元	20 万元以上
1	2. 00%	24. 50%	39. 80%	25. 50%	8. 20%
2	1. 20%	26. 50%	41. 80%	25. 90%	4. 70%
3	6. 90%	23. 60%	39. 60%	22. 40%	7. 60%
4	9. 70%	27. 70%	34. 80%	22. 30%	5. 50%
5	1. 70%	18. 50%	33. 70%	37. 40%	8. 80%

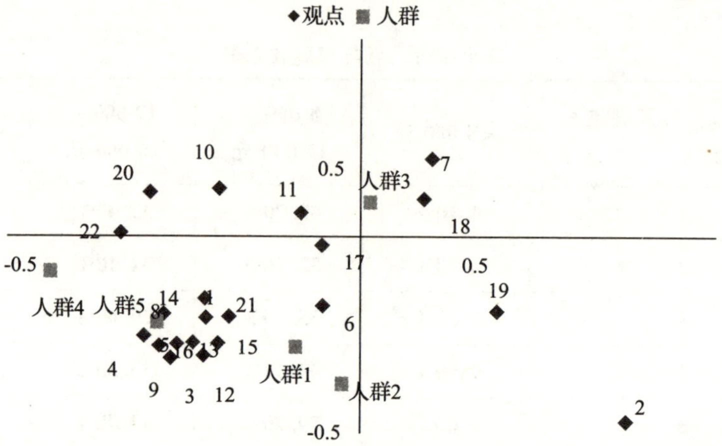

5 个细分市场的特征分析

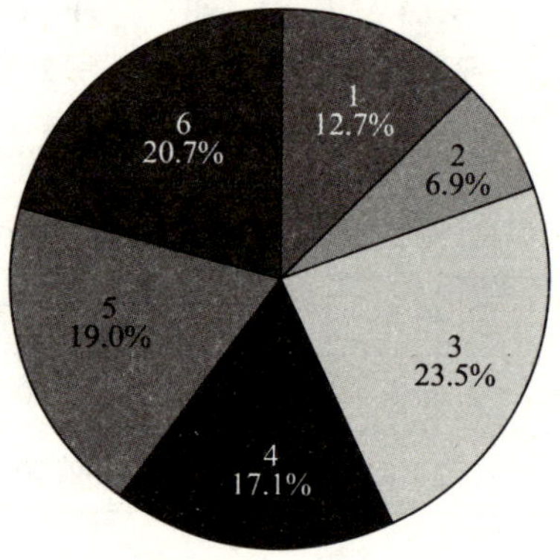

6 类细分市场比例分布

6 个细分市场与城市线级表

细分市场 \ 城市线级	一线城市	二线城市	三线城市
1	24. 70%	29. 50%	45. 80%
2	8. 70%	16. 30%	75. 00%
3	30. 30%	27. 80%	41. 90%
4	21. 80%	31. 10%	47. 10%
5	21. 40%	35. 40%	43. 20%
6	22. 50%	31. 50%	46. 00%

6 个细分市场与年龄表

细分市场＼年龄	20 -30 岁	31 -40 岁	41 -50 岁
1	28.90%	49.50%	21.60%
2	9.60%	31.70%	58.70%
3	33.40%	51.60%	15.00%
4	26.10%	49.40%	24.50%
5	34.70%	55.40%	9.80%
6	32.50%	50.20%	17.40%

6 个细分市场与家庭收入表

细分市场＼家庭收入	<8 000 元	8 000—17 000 元	17 000—26 000 元	>26 000 元
1	5.80%	43.70%	38.90%	11.60%
2	2.90%	56.70%	31.70%	8.70%
3	3.40%	50.40%	31.20%	15.00%
4	1.90%	38.90%	44.40%	14.80%
5	7.00%	56.80%	28.40%	7.70%
6	9.00%	50.80%	33.40%	6.80%

6 个细分市场与房屋面积表

细分市场＼房屋面积	<60 平方米	61—90 平方米	91—110 平方米	111—120 平方米	>120 平方米
1	0.50%	16.80%	33.20%	23.20%	26.30%
2	2.90%	17.30%	39.40%	24.00%	16.30%
3	0.80%	21.80%	34.00%	20.40%	22.90%
4	0.40%	15.20%	31.90%	23.00%	29.60%
5	2.10%	22.80%	35.40%	17.90%	21.80%
6	2.90%	26.40%	34.40%	18.00%	18.30%

6 个细分市场与装修预算表

细分市场 \ 装修预算	5 万元及以下	5—10 万元	10—15 万元	15—20 万元	20 万元以上
1	3.20%	20.00%	34.70%	36.80%	5.30%
2	0%	30.80%	48.10%	15.40%	5.80%
3	2.30%	25.50%	40.50%	23.20%	8.50%
4	0.80%	18.30%	33.90%	37.70%	9.30%
5	7.70%	23.20%	39.60%	22.50%	7.00%
6	9.60%	28.00%	34.40%	22.20%	5.80%

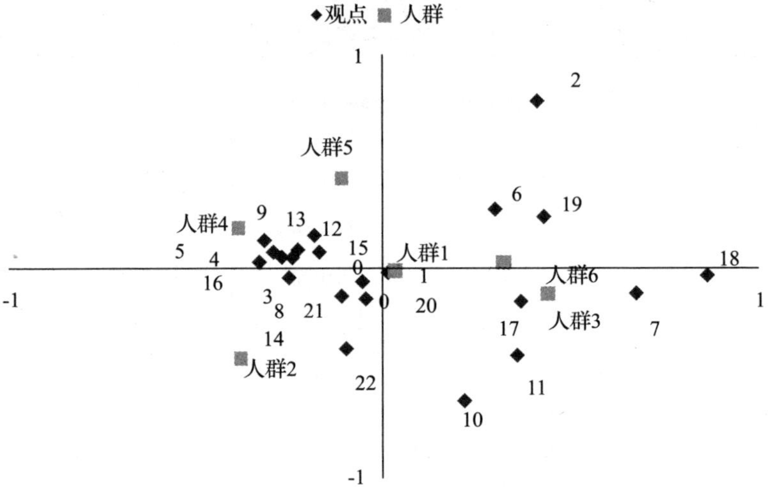

6 个细分市场的细分市场特征分析

我们用 22 个装修消费观点作为市场细分的变量，对家装市场进行科学的细分分析，但结果并不是如我们所想象的那样非白即黑，而是错综复杂，基本上理不出头绪来。各细分市场之间虽然有很多明显的差异化，但与我们想象中的“诗与远方”还差得很远。然而遗憾的是，根据我们多年进行市场细分的经验，这才是真实的市场细分结构。

接下来，我们对家装消费市场做进一步的市场细分分析，以对家装消费市场细分结构有更加深入的理解。

4. 用更少的家装消费观点 + “降维”来对家装消费市场进行细分

我们说互联网家装具备这样几个特点：一是标准化、二是淡设计、三是少花钱、四是少参与。我们来看看与之相关的几个问题：

观点 2 装修是一件很烦心的事。

观点 7 如果价格足够优惠，装修风格不重要。

观点 8 装修基本过得去就可以了，家庭装饰的个性化主要是通过软装来实现。

观点 9 装修最好是让专业的装修公司/人士搞定，我能不参与就尽量不参与。

观点 10 装修能省一点是一点。

观点 11 我不太在乎什么设计风格，关键是我自己喜欢。

观点 12 与装修的品质比较，我更关心装修的个性化。

我们能够从家装消费者的差异化需求中，看到互联网家装的市场发展前景吗？

先再来看一下以上几个问题的态度分布情况：

互联网家装特点相关 7 个观点的消费者表态表

观点表态 / 观点	认可	无所谓	不认可
装修是一件很烦心的事	62.4%	19.1%	18.5%
如果价格足够优惠，装修风格不重要	30.2%	15.4%	54.4%
装修基本过得去就可以了，家庭装饰的个性化主要是通过软装来实现	44.6%	18.9%	36.5%
装修最好是让专业的装修公司/人士搞定，我能够不参与就尽量不参与	43.3%	17.8%	38.9%
装修能省一点是一点	50.0%	22.1%	27.7%
我不太在乎什么设计风格，关键是我自己喜欢	65.3%	16.9%	17.8%
与装修的品质比较，我更关心装修的个性化	58.0%	21.9%	20.1%

从表可以看出，装修怕烦心是大多数消费者的态度；有近 1/3 消费者认为只要优惠，可以牺牲装修风格；有近半的消费者认可装修个性化是可以通

过软装来实现的；有四成多的消费者认为装修能不参加就不参加；正好一半的消费者认为装修能省一点是一点；近 2/3 的消费者认为装修风格不重要，关键是自己喜欢；然而只有 20% 的消费者认为装修品质比个性化重要。

我们可以看到，原本我们以为装修必须个性化的理论，在以上的数据面前开始动摇了，因为有消费者可以为了实惠而牺牲装修风格，一半消费者认为装修能省则省，还有消费者认为轻装修重装饰……这些消费需求特征都在相当程度上匹配了互联网家装标准化运营的发展方向，因而这些数据实际为佐证互联网家装的发展提供了坚实的消费需求基础。

但是，单一维度的分析，很难给出一个全面的家装消费需求画面。以上数据为我们盲人摸象看家装消费需求提供了各种片面的数据支持，但每个观点都只代表了家装消费需求的一个面。从每个面上来说，这些数据都是客观正确的，但是作为家装消费需求整体，这个数据却比较苍白，解释力大降。

我们需要多维变量的统计分析来解读家装消费市场的需求情况，从中找出互联网家装发展的需求所在，以及更多差异化的细节。

我们从 22 个观点中选择了以上 7 个观点，但是在分析中，似乎以 7 个相对独立的维度进行分析依旧比较麻烦。所以我们通过一种被称为“降维”的分析方法来将原来的 7 个维度降到 3 个。

互联网家装特点相关 7 个观点在 3 维度中的系数表

观点 \ 维度	1	2	3
装修是一件很烦心的事	–	0.851	–
如果价格足够优惠，装修风格不重要	0.714	–	–
装修基本过得去就可以了，家庭装饰的个性化主要是通过软装来实现	0.695	–	–
装修最好是让专业的装修公司/人士搞定，我能够不参与就尽量不参与	0.614	–	–
装修能省一点是一点	–	0.615	

续

维度 观点	1	2	3 –
我不太在乎什么设计风格，关键是我自己喜欢	0.685	–	–
与装修的品质比较，我更关心装修的个性化	–	–	0.975

上表中的数字，是原来7个维度映射到新的维度上的系数。为了使表中数据更加清晰，较小的系数被忽略了。我们可以根据这些系数的大小来解读这些新的维度。第三个维度因为基本和原来的维度重合，所以比较容易解读，应该就是“更关心装修的个性化”；第二个维度相对来说也比较简单，主要是“装修烦心”的映射。有意思的是，“装修能省则省”也落在了这个维度上，这在某种程度上我们似乎可以从“能省则省”的叹息中感受到“装修烦心”的心理。第二个维度我们依旧称之为“装修烦心”。第一个维度比较复杂，有四个原来的观点同时映射到了这个维度上。仔细分析，我们可以看到原有的”风格不重要“和”装修基本过得去“看到了“简装”的需求，加之“关键自己喜欢”“的映射，我们定义这个新的维度为”简装只管自己喜欢”。

“尽量不参与”也出乎意外地落在了第一个维度上而不是第二个维度上，不过这个结果却有点耐人寻味：为什么“尽量不参与”与“装修烦心”不在同一个新维度上？这表明“尽量不参与”所得到的省时、省心和“装修烦心”还不是一回事。

现在我们有了新的简化了的三个维度：简装只管自己喜欢、装修烦心、更关心个性化。让我们来看一看现在有没有可能用这三个新的维度来细分家装消费市场，而得到实用的家装消费市场的细分结构。切记，根据动态市场细分的理论，这个市场细分所用的变量（三个新维度）都不是唯一的，细分市场的结果也不是唯一的。我们细分市场，只是希望从中寻找我们需要的答案：互联网家装的标准化运营模式有着怎样的市场空间？

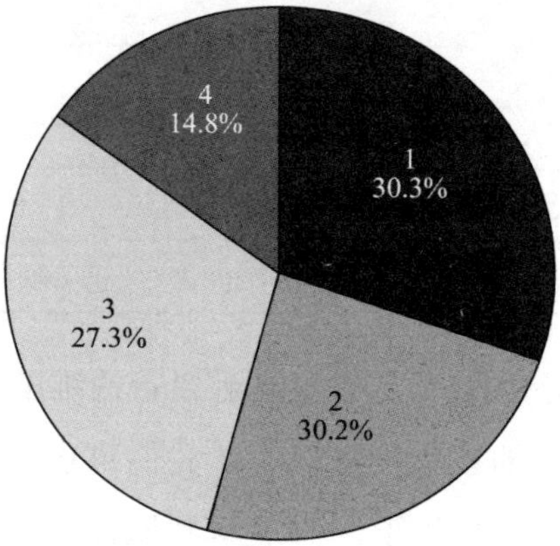

四个细分市场的比例分布

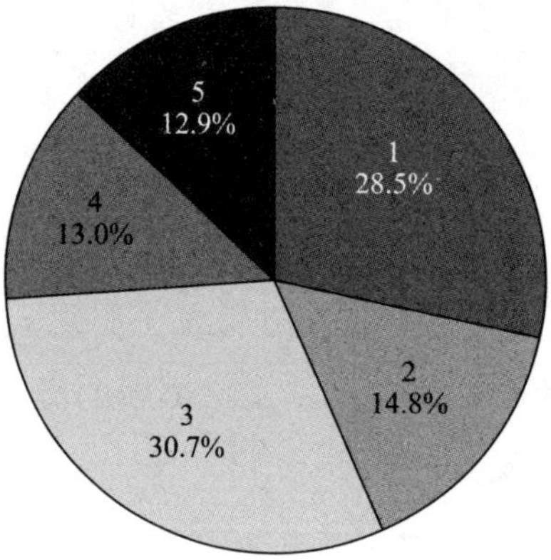

五个细分市场的比例分布

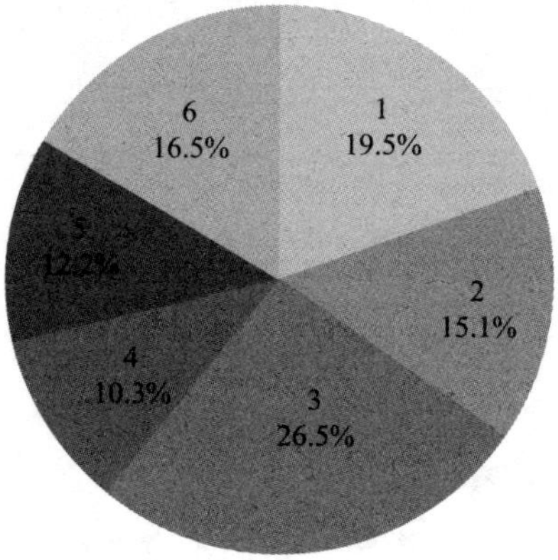

六个细分市场的比例分布

我们先来分析一下四个细分市场的结果，看看我们能够从这个市场细分的结果中得到什么。

通观各种人口统计变量在各个细分市场的表现，我们除了能够说出细分市场 4 中的消费者有更多来自三线城市并且更多人在 41—50 岁之间外，我们几乎看不到其他十分明显的差异。这说明个细分市场几乎无法用人口统计变量来对细分市场进行区隔。

4 个细分市场与城市线级表

细分市场 \ 城市线级	一线城市	二线城市	三线城市
1	22.60%	34.50%	42.90%
2	24.00%	28.10%	47.90%
3	28.40%	28.40%	43.10%
4	13.10%	27.00%	59.90%

4 个细分市场与年龄表

细分市场 \ 年龄	20—30 岁	31—40 岁	41—50 岁
1	34.70%	49.70%	15.60%
2	27.60%	53.20%	19.20%
3	31.90%	51.30%	16.80%
4	20.30%	42.80%	36.90%

4 个细分市场与家庭收入表

细分市场 \ 家庭收入	<8 000 元	8 000 - 17 000 元	17 000 - 26 000 元	>26 000 元
1	7.50%	51.00%	32.70%	8.80%
2	3.60%	47.10%	37.90%	11.40%
3	4.30%	50.40%	32.80%	12.50%
4	5.40%	47.30%	35.60%	11.70%

4 个细分市场与房屋面积表

细分市场 \ 房屋面积	<60 平方米	61 - 90 平方米	91 - 110 平方米	111 - 120 平方米	>120 平方米
1	2.60%	22.60%	33.60%	19.80%	21.30%
2	0.30%	20.60%	34.00%	22.00%	23.10%
3	1.30%	22.00%	33.80%	20.30%	22.60%
4	1.80%	15.30%	36.90%	19.80%	26.10%

4 个细分市场与装修预算表

细分市场 \ 装修预算	5 万元及以下	5—10 万元	10—15 万元	15—20 万元	20 万元以上
1	7.50%	24.80%	34.70%	24.80%	8.10%
2	3.10%	20.90%	37.90%	32.90%	5.30%
3	3.40%	26.10%	38.60%	24.60%	7.30%
4	3.20%	23.00%	41.90%	23.90%	8.10%

我们接着来仔细分析这个市场细分的结果究竟有什么意义。因为我们是用 7 个观点变量进行“降维”后来细分市场的，所以各个细分市场对这 7 个观点的态度应该有较大的差异。

因为我们只选取了 7 个装修消费观点，所以这次我们观察这些观点在各个细分市场中的不同也就容易得多，所以我们放弃了进一步“降维”的统计分析方法。我们将各种观点的平均值超过 4.0 的和低于 2.5 的标黑，这样可能能够更加清楚地展示出各个细分市场的不同来。记得“1”表示很不认同，“5”表示非常认可，所以平均值越高，认同的程度也就越高，或者说细分市场中认可的比例也就越高。

与互联网家装特点相关的 7 个观点在 4 个细分市场中的平均值表

观点 \ 细分市场	1	2	3	4
装修是一件很烦心的事	4.16	3.43	3.99	2.07
如果价格足够优惠，装修风格不重要	2.28	2.26	3.82	2.10
装修基本过得去就可以了，家庭装饰的个性化主要是通过软装来实现	2.57	2.73	4.05	3.23
装修最好是让专业的装修公司/人士搞定，我能够不参与就尽量不参与	2.41	2.92	3.98	2.81
装修是能省一点是一点	3.19	3.15	4.04	2.29
我不太在乎什么设计风格，关键是我自己喜欢	4.08	2.20	4.13	4.14
与装修的品质比较，我更关心装修的个性化	2.91	3.37	4.14	3.91

可以从上表中看到，细分市场 1 认同“装修是一件很烦心的事”以及“我不太在乎什么设计风格，关键是我自己喜欢”，但不认同“如果价格足够优惠，装修风格不重要。”和“装修最好是让专业的装修公司/人士搞定，我能够不参与就尽量不参与”这似乎是一个自相矛盾的人群：他们一方面认为“装修很烦心”，另一方面却又不认可“装修能够不参与就尽量不参与”；他们一方面不认可“为了价格而牺牲装修风格”，另一方面却又说“关键是自己喜欢而不太在乎装修风格”。

或许，我们可以从以上的自相矛盾中领悟到家装消费者对一些问题很细腻的感受：为什么已经认为装修很烦心了，但还是要参与其中呢？这可能是因为虽然烦心，但不参与却又不放心，所以即使是烦心也要参与。同样的是，我认为装修风格重要，但更重要的是自己喜欢。

当我们对装修消费者的心理需求了解得越来越细腻时，我们就可能会发现过去我们自以为是的很多观点是错误的。

细分市场 2 最有意思。总的来说，这是一个“不认可”的人群集合。7 个观点，就没有一个观点的平均值在 4 分以上，其中以不认同“如果价格足够优惠，装修风格不重要”和“我不太在乎什么设计风格，关键是我自己喜欢”最为明显。这是比较突出的“风格派”。

与细分市场 2 相反的是，细分市场 3 是“认同派”，7 个观点的平均值几乎都在 4.0 附近，其中 4 个观点的平均值超过了 4.0 与其他细分市场相比，最突出的是认同“装修基本过得去就可以了，家庭装饰的个性化主要是通过软装来实现”以及“装修是能省一点是一点”这两个观点。这个细分市场似乎更可能接受互联网家装的整装服务，但是回过头去再仔细审查人口统计变量，该细分市场在茫茫人海中似乎无处寻觅。

细分市场 4 除了认同“我不太在乎什么设计风格，关键是我自己喜欢”观点外，不认同的观点有：“装修是一件很烦心的事”“如果价格足够优惠，装修风格不重要”以及“装修是能省一点是一点”。这似乎是一个喜欢装修，并且不太考虑装修成本的人群。

接下来，我们再把用“降维”后三个新变量进行的市场细分为5个和6个细分市场的结果简单列出来给大家自己进行一番分析，并从中领悟我们通常理解的市场细分以及各个细分市场的用户画像究竟与现实差了多少条长江黄河。

与互联网家装特点相关7观点在5个细分市场中的平均值表

观点 \ 细分市场	1	2	3	4	5
装修是一件很烦心的事	4.12	4.19	4	2.12	2.48
如果价格足够优惠，装修风格不重要	2.26	2.23	3.82	2.16	2.29
装修基本过得去就可以了，家庭装饰的个性化主要是通过软装来实现	2.55	2.65	4.03	3.33	2.88
装修最好是让专业的装修公司/人士搞定，我能够不参与就尽量不参与	2.39	2.79	3.99	2.84	3
装修是能省一点是一点	3.15	3.42	4.05	2.32	2.76
我不太在乎什么设计风格，关键是我自己喜欢	4.13	2.31	4.14	4.36	2.28
与装修的品质比较，我更关心装修的个性化	2.91	2.98	4.15	3.92	3.78

5个细分市场与城市线级表

细分市场 \ 城市线级	一线城市	二线城市	三线城市
1	23.60%	33.90%	42.50%
2	26.60%	26.10%	47.30%
3	28.60%	28.20%	43.20%
4	11.80%	26.20%	62.10%
5	18.00%	34.00%	47.90%

5 个细分市场与年龄表

细分市场 \ 年龄	20—30 岁	31—40 岁	41—50 岁
1	35.70%	49.50%	14.70%
2	26.10%	52.30%	21.60%
3	32.10%	51.40%	16.50%
4	16.90%	44.60%	38.50%
5	29.90%	50.50%	19.60%

5 个细分市场与家庭收入表

细分市场 \ 家庭收入	<8 000 元	8 000 - 17 000 元	17 000 - 26 000 元	>26 000 元
1	7.90%	50.70%	31.80%	9.60%
2	3.60%	51.80%	36.00%	8.60%
3	4.30%	51.20%	31.90%	12.60%
4	6.20%	48.70%	33.30%	11.80%
5	2.60%	39.70%	45.40%	12.40%

5 个细分市场与房屋面积表

细分市场 \ 房屋面积	<60 平方米	61—90 平方米	91—110 平方米	111—120 平方米	>120 平方米
1	2.30%	23.10%	34.10%	18.90%	21.50%
2	1.40%	21.20%	33.30%	22.10%	22.10%
3	1.30%	22.10%	33.20%	20.20%	23.20%
4	2.10%	15.40%	36.40%	21.00%	25.10%
5	0.00%	18.00%	36.10%	22.20%	23.70%

5 个细分市场与装修预算表

装修预算 / 细分市场	5 万元及以下	5—10 万元	10—15 万元	15—20 万元	20 万元以上
1	7. 70%	24. 80%	34. 10%	25. 20%	8. 20%
2	2. 70%	19. 40%	40. 10%	32. 90%	5. 00%
3	3. 70%	25. 80%	38. 40%	24. 70%	7. 40%
4	3. 60%	25. 10%	42. 10%	21. 00%	8. 20%
5	2. 60%	22. 20%	37. 10%	32. 00%	6. 20%

与互联网家装特点相关 7 观点在 6 个细分市场中的平均值表

细分市场 / 观点	1	2	3	4	5	6
装修是一件很烦心的事	4. 43	4. 17	3. 96	1. 99	2. 49	3. 47
如果价格足够优惠，装修风格不重要	2. 75	2. 21	3. 87	2. 39	2. 28	1. 88
装修基本过得去就可以了，家庭装饰的个性化主要是通过软装来实现	2. 96	2. 62	4. 09	3. 68	2. 88	2. 31
装修最好是让专业的装修公司/人士搞定，我能够不参与就尽量不参与	2. 77	2. 73	4. 09	3. 12	3. 03	2. 14
装修是能省一点是一点	3. 8	3. 38	4. 05	2. 58	2. 78	2. 32
我不太在乎什么设计风格，关键是我自己喜欢	4. 31	2. 33	4. 05	4. 42	2. 23	4. 02
与装修的品质比较，我更关心装修的个性化	3. 16	2. 94	4. 24	4. 3	3. 85	2. 76

6 个细分市场与城市线级表

城市线级 / 细分市场	一线城市	二线城市	三线城市
1	22. 60%	33. 60%	43. 80%
2	25. 70%	25. 70%	48. 70%
3	28. 70%	26. 70%	44. 60%
4	15. 60%	22. 70%	61. 70%
5	16. 90%	33. 90%	49. 20%
6	23. 00%	36. 70%	40. 30%

6 个细分市场与年龄表

细分市场 \ 年龄	20—30 岁	31—40 岁	41—50 岁
1	34.20%	51.40%	14.40%
2	24.80%	53.10%	22.10%
3	32.70%	49.40%	17.90%
4	18.80%	40.90%	40.30%
5	29.50%	50.80%	19.70%
6	32.70%	51.60%	15.70%

6 个细分市场与家庭收入表

细分市场 \ 家庭收入	<8 000 元	8 000－17 000 元	17 000－26 000 元	>26 000 元
1	8.60%	51.00%	32.50%	7.90%
2	3.10%	54.00%	35.00%	8.00%
3	4.00%	51.10%	31.50%	13.40%
4	6.50%	49.40%	32.50%	11.70%
5	2.70%	39.30%	44.80%	13.10%
6	6.50%	47.60%	34.30%	11.70%

6 个细分市场与房屋面积表

细分市场 \ 房屋面积	<60 平方米	61－90 平方米	91－110 平方米	111－120 平方米	>120 平方米
1	3.40%	24.70%	38.70%	15.10%	18.20%
2	1.30%	20.80%	32.30%	23.50%	22.10%
3	0.80%	21.70%	32.70%	20.70%	24.20%
4	2.60%	19.50%	36.40%	20.10%	21.40%
5	0.00%	16.90%	37.20%	21.90%	24.00%
6	1.20%	19.00%	29.80%	23.00%	27.00%

6 个细分市场与装修预算表

细分市场 \ 装修预算	5 万元及以下	5—10 万元	10—15 万元	15—20 万元	20 万元以上
1	8. 90%	28. 40%	36. 30%	19. 50%	6. 80%
2	3. 10%	19. 50%	39. 80%	32. 30%	5. 30%
3	3. 30%	24. 70%	39. 00%	25. 90%	7. 10%
4	3. 90%	24. 70%	44. 20%	20. 10%	7. 10%
5	2. 20%	21. 90%	37. 20%	32. 20%	6. 60%
6	4. 80%	23. 00%	31. 90%	30. 20%	10. 10%

5. 市场细分的神话与现实

市场细分的概念非常重要，但是我们对市场细分却通常只有非常模糊的认识。以上我们用了相当的篇幅，几乎穷尽了各种市场细分的统计分析方法，但最后依然无法给出一个清晰的市场细分结果。

第一个问题：这样做究竟是为什么？

为了让我们更好地了解装修消费市场的市场细分的真实情况，我们需要了解平时我们常挂在嘴边的市场细分在现实中是多么冷酷无情，还需要了解平时我们自以为是的用户画像是多么脆弱。

以上各个角度的市场细分是在我们倡导的动态市场细分的理论框架下实施的，它真实动态地展现了家装细分市场上各种差异化的存在以及相互之间错综复杂的关联。这一系列的分析结果使我们深刻了解到，市场细分并不是我们想象的那样黑白分明，通常也不像我们理解的那样能够清晰地给细分市场的用户进行画像，更不是我们通常认为的能够根据用户画像很容易地找到我们的目标用户并与他们进行有效的沟通。

有一点需要告诉大家，我们通常见到的各种市场细分的结果，基本上和本书中介绍的没有太大差异，不同之处就是经过分析人员的加工处理，模糊的用户画像被“PS”得清晰了，原本含糊不清的细分市场也被“PS”得具有了意义，市场细分被“PS”得美好起来。

然而真实的市场细分研究依旧模糊不清，依旧错综复杂，依旧让人摸不着头脑。

或许有人会问：当我们根据市场细分的目标用户画像去宣传时，我们的用户成分证实了我们画像的正确性，这其实是“种豆得豆”故事的翻版。当某个互联网家装企业主要采取电视广告进行宣传时，它的主要用户组成是中老年消费者，而我们却不能由此下结论说，该互联网家装原来的目标用户就是中老年消费者。

根据动态市场细分的理论，我们必须根据市场战略的需要来动态地进行相应的市场细分。这里，我们因为没有具体的市场战略目的，所以市场细分也只是泛泛之谈。下一小节，我们将提供一个真实的动态市场细分的实例。

第二个问题：如果市场细分的理论不管用，那企业怎样才能确定市场定位？怎样才能找到目标用户？

理论上讲，我们是先细分市场，再根据每个细分市场的特点进行战略定位，然后根据该细分市场的用户特征进行选择性的精准宣传，从而有效地获得目标用户。

然而现实与理论相差甚远。首先是市场细分的结果是模糊不清的；其次是每个细分市场的需求也是参差不齐，可能理不出清晰的市场定位来；最后便是没法给细分市场的目标用户清晰画像，无法有效找到目标用户。

然而这却更需要企业有一个明确的定位，用一句话说清楚企业提供怎样不同的产品或服务。这个明确的市场定位或者一句话能说清楚的东西，更可能是企业独特的核心价值主张。这个价值主张可能直接来自对市场消费需求的调查，或者是来自对市场消费需求的洞察。

企业需要通过独特的价值主张来一句话说明自己是谁，说明是为谁服务的，说明自己产品或服务的特色是什么。然后，就让目标消费者主动选择我们企业的产品或服务。

在营销学的市场细分应用中，我们过多地考虑了企业如何主动地去寻找目标用户，而忽略了另外一种更加实际且有效的目标确定方式，这就是让目标用户主动地找到企业，当然是通过企业旗帜鲜明的核心价值主张以及用户口碑，这在英文里被称为 self-targeting（自我定位）。

这就回到了我们关于互联网家装持久战与差异化的发展原则上。企业旗帜鲜明的核心价值主张就是差异化战略，而差异化战略又必须通过持久战来实现。

三、互联网家装发展

上一节，我们运用动态市场细分的法则，对家装消费市场进行了不同剖面的细分分析，使我们对家装消费需求的各种细分市场结构有了更加深入的了解。在这个基础上，我们将进一步分析互联网家装的发展问题。

对于上一节的各种细分市场的结果，大家一定会有疑问：分析了半天，究竟什么样的消费者才是互联网家装真正的目标用户呢?

对这个问题，最简单的回答就是问家装消费者：你们会选择互联网家装吗? 当我们用这个问题的答案来把用户分为“是”和“不是”时，可能作为互联网家装的一个最有效的市场细分已经产生了。

这个市场细分的结果，实际上也是我们动态市场细分理论的最佳应用。

我们看到一个令人激动的结果：当问及是否愿意选择互联网家装时，竟然有 58.5% 的被调查消费者回答说“会”，“说不清楚”的有 25.3%，回答“不会”的只占到 16.2%。

这似乎说明，互联网家装有着光明的发展前景。

在询问是否会选择互联网家装之前，我们也向被调查者问询他们对互联网的了解，回答说互联网是“省心省时”的占到了 68.1%，认为互联网家装“省钱”的有 51%，认为互联网家装“材料选择太少的”有 22%”，认为“只是噱头”的有 9.9%，认为“说不清楚”的有 8%。家装消费者似乎对互联网家装的“省心省时和省钱”有着基本的了解，但是对互联网家装的标准化运营模式则不甚了解。

应该说，大家期待已久的环节到来了：想知道说会选择互联网家装的消费者是怎样一群人吗？

答案远远超出我们的想象。

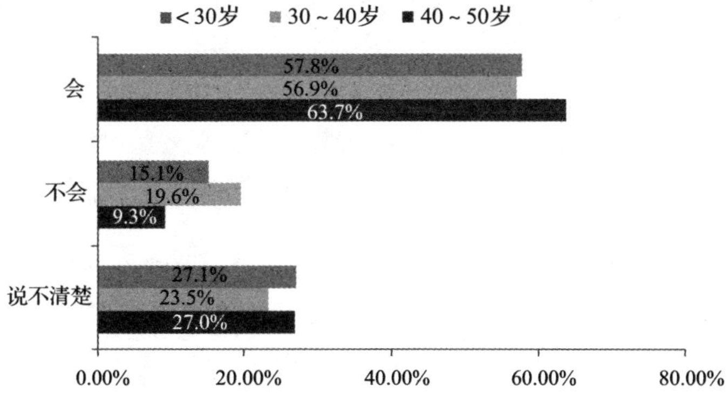

互联网家装选择与年龄

首先，从年龄来看，有近 2/3 的 40 岁以上的家装消费者说会选择互联网家装，要高于 40 岁以下说要选择互联网家装的比例。这是一个从一开始就出乎我们意料的结果。

我们总是以为选择互联网家装的消费者应该是刚需消费者，应该年轻，应该更加具有互联网时尚精神。然而，调查结果却显示，60 后和 70 后比 80 后和 90 后更愿意选择互联网家装。

这才是出乎我们意料之外的开始。

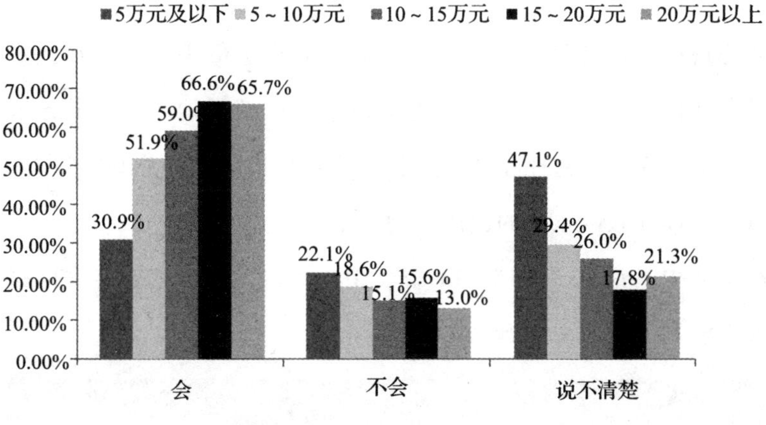

互联网家装选择与装修预算

上图是装修预算与是否选择互联网家装之间的关系。我们看到，装修预算越高，说会选择互联网家装的比例越高。装修预算在 15 万元以上的消费者更愿意选择互联网家装；而装修预算低于 5 万元的家装消费者，只有 30.9% 说会选择互联网家装，这个比例不到装修预算 15 万元以上的选择互联网家装比例的一半。

更有意思的是，在装修预算不到 5 万元的消费者中，说不清是否选择互联网家装的比例却很高，是装修预算在 15 万元以上的消费者的一倍还多。

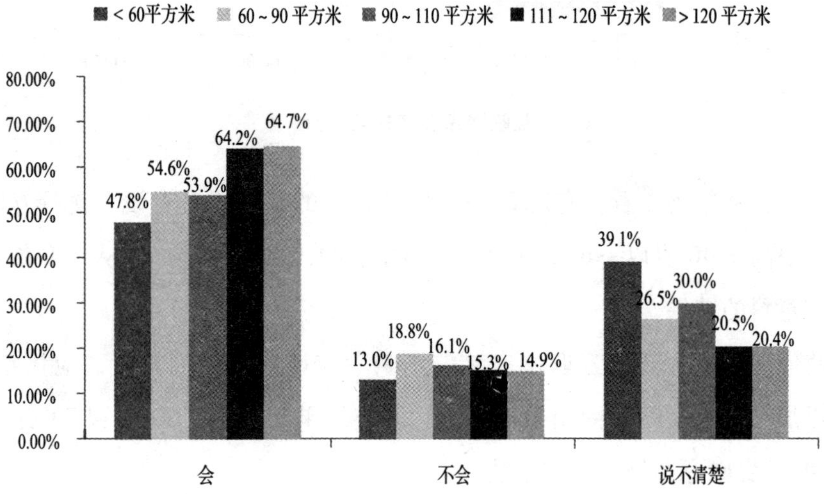

互联网家装选择与装修房屋面积

从装修户型面积来看，这个“反逻辑”的逻辑似乎依旧存在：户型面积越大，说会选择互联网家装的比例也就越高。户型面积在 110 平方米以上的消费者，有近 2/3 愿意选择互联网家装，而在户型面积不到 60 平方米的消费者中，愿意选择互联网家装的比例不到一半。

在户型面积不到 60 平方米的消费者中，不确定是否选择互联网家装的比例高达近 4 成。

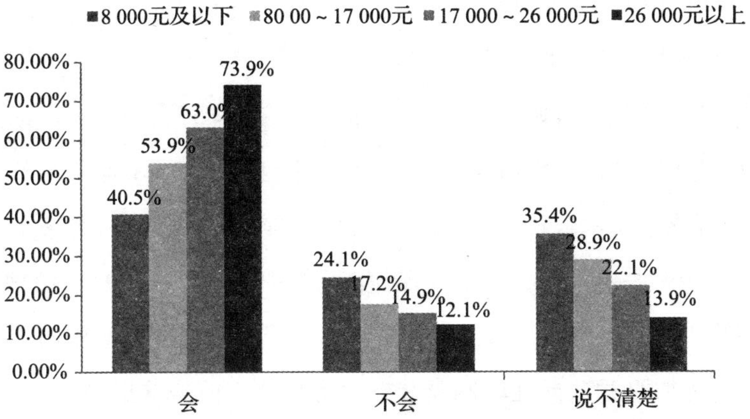

互联网家装选择与家庭收入

如果我们依据被调查者的家庭月收入来看，依然是收入相对较低的家庭更不愿选择互联网家装，而家庭月收入相对较高的消费者更可能选择互联网家装。在家庭月收入大于26 000元的消费者中，73.9%愿意选择互联网家装；而在那些家庭月收入低于8 000元的消费者中，这个比例降到40.5%。家庭收入较低的消费者说不清是否选择互联网家装的比例也更高。

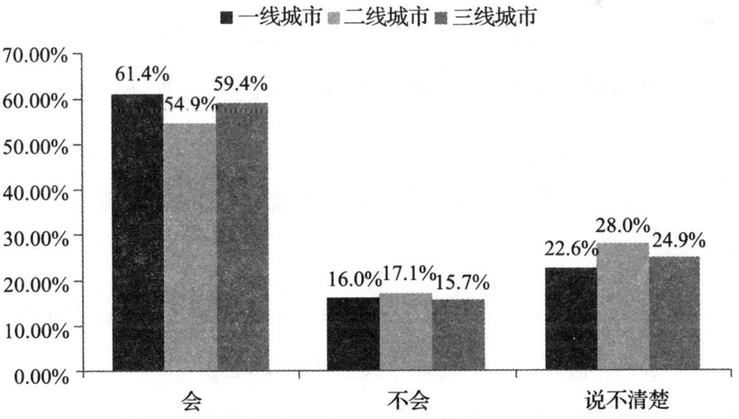

是否互联网家装是否与城市线级

当我们考察不同线级城市消费者对互联网家装的选择时发现：虽然一线城市的选择比例最高，但是三线城市的选择比例要大大高于二线城市，与一线城市相差也不多。看来互联网家装在三线城市的认可度要比我们想象得高，与一线城市则没有太大的差异。

我们原以为会选择互联网家装的消费群体应该是年轻人、收入低的刚需人群，但是这里的分析结果却恰恰相反。这或许是一个目前还令人不解的调查分析结果，似乎也很难有较合理的解释。我们且接受这个调查结果作为一个事实，并在接下来的分析中再做进一步的深入分析，希望能够从中了解这一现象背后的原因。

值得指出的是，虽然我们说收入高的、装修预算高的、房型面积大的或者是年龄大的更加愿意选择互联网家装的服务形式，但是这里绝对不是一刀切，并不是说这些人就一定会选择互联网家装服务，而其对立面就不愿意选择互联网家装服务。这里的“更加愿意”只是特定人群中愿意选择的比例比其他人群中愿意选择的比例略高而已。但是我们在平时的营销实践中，就可能把这个“更加愿意”简化为“愿意”，诱导我们用所谓的画像来描述各个细分市场。

通过以上的各组数据我们看到，这种不考虑统计概率一刀切的方法是多么不可靠。如果我们“一刀切”地画像，互联网家装的用户就可能被描述为“收入高、年龄大、装修预算高……”其实，这群人中愿意选择互联网家装服务的比例虽然比其他人群的比例要高，并且其间的差异经过统计学检测也是显著的，但也绝不是说他们就是愿意选择互联网家装服务，或者认为互联网家装的目标群体就是这个人群。

由此可见，我们通常见到的营销中给顾客画像的做法在统计学概率面前是多么脆弱。

既然画像画不清楚，那我们又应该如何来确定和寻找我们的目标用户呢？这是我们在互联网家装营销中需要认真考虑的问题。

我们再来看看对互联网家装的认识与选择互联网家装服务之间的相互关系。这里，我们各自给出了两正两反的互联网家装的特征，并另有一个“说不清楚”的选项，来看家装消费者对互联网家装的认识，并考量这样的认识与选择互联网家装之间的相互关系。

有关对互联网家装的认识，我们在基础数据分析部分已有论述，这里主要考虑对互联网家装的认识与选择互联网家装服务之间的关系。

1）认为互联网家装是省钱

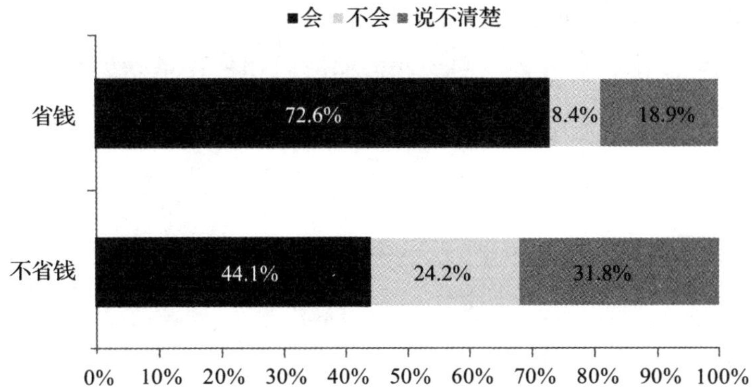

互联网家装特点“省钱”与互联网家装选择

这是一组很有趣的数字。首先我们看到，在认为互联网家装省钱的消费者中，有72.6%说会选择互联网家装服务，只有8.4%说不会，另有18.9%尚未做出决策。而在那些不认为互联网家装是省钱的消费者中，情况就比较复杂，我们看到依然有44.1%的消费者会选择互联网家装。这可能是其他因素促成的。

2）认为互联网家装是省心省时。

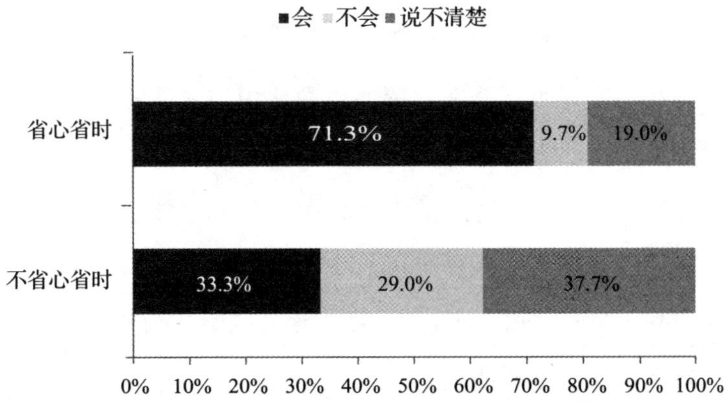

互联网家装特点“省心省时”与互联网家装选择

在认为互联网家装省心省时的消费者中，有71.3%会选择互联网家装服务，只有9.7%不会，剩余的还没有决定怎么做。而在不认为互联网家装是省心省时的消费者中，他们几乎是平均地分布在“愿意选择”“不愿意选择”和“说不清楚”三者之间。

1）和2）明确告诉我们，只要我们能够确切地让消费者认可互联网家装是“省钱”或是“省心省时”，我们就有很大的概率让他们选择互联网家装服务。

3）互联网家装是噱头而已。

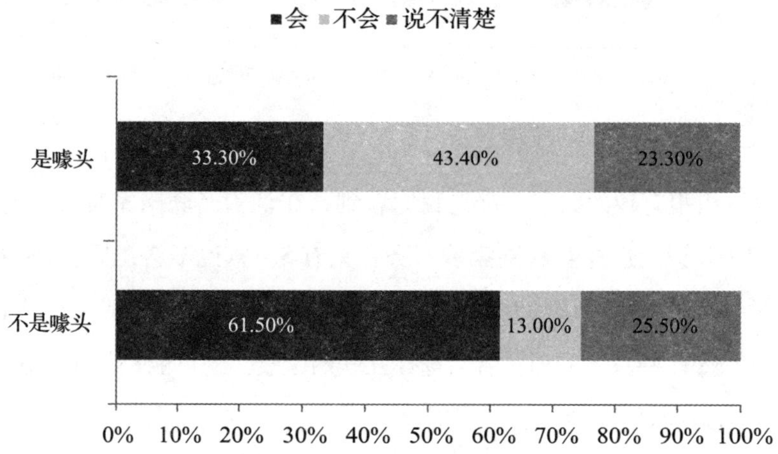

互联网家装“是噱头”与互联网家装选择

接下来，我们来看对互联网家装的负面认识与是否愿意选择互联网家装服务之间的关系。不认为互联网家装是噱头的，有61.5%会选择互联网家装服务，而认为互联网家装是噱头的消费者中，有43.4%不会选择互联网家装服务。不过我们在基础数据分析部分已经知道：只有9.9%的被调查消费者认为互联网家装只不过是“噱头而已”。所以说，因为认为互联网家装是噱头而不愿意选择互联网家装服务的比例只有不到5%。

4）认为互联网家装材料选择太少。

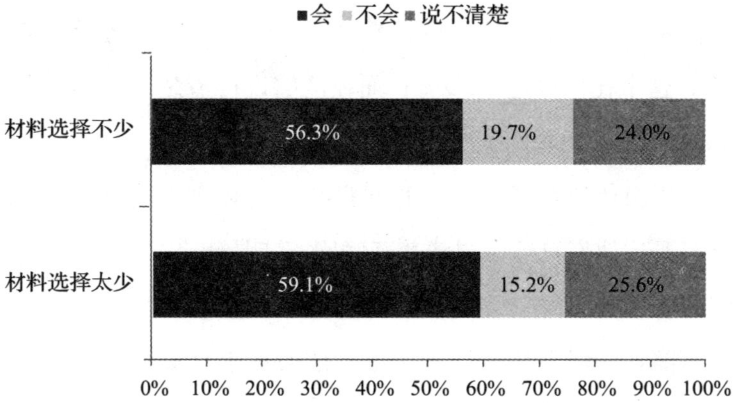

互联网家装特点“材料选择太少”与互联网家装选择

这组数据比较有意思。认为互联网家装“材料选择比较少”的消费者中，居然有56.3%会选择互联网家装服务；而在不认为互联网家装“材料选择比较少”的消费者中，却只有59.1%会选择互联网家装服务。也就是说，是否认为互联网家装“材料选择比较少”似乎并不会影响消费者选择互联网家装服务的意愿。

只有22%的消费者认为互联网家装是“材料选择比较少”，但就在这些消费者中，居然有56.3%会继续选择互联网家装服务。这是否是一个“对互联网家装不能满足个性化需求”的悲观论点的否定？

5）认为互联网家装的特点说不清楚。

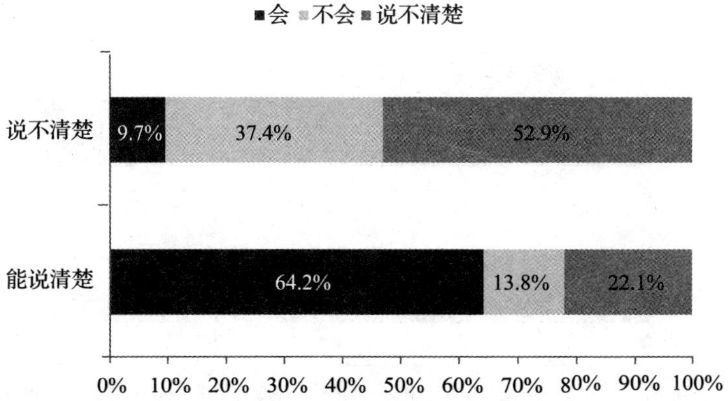

认为互联网家装的特点“说不清楚”与互联网家装选择

对互联网家装“说不清楚”的消费者，自然对是否会选择互联网家装也“说不清楚”，这个比例高达52.9%；而在能够说得清楚互联网家装的消费者中，有64.2%会选择互联网家装。

所以说，要想让消费者选择互联网家装，就必须要让消费者明白互联网家装的意义，要让他们自己说得清楚互联网家装是什么。

以上消费者对互联网家装的认识与选择互联网家装服务意愿之间的关系分析表明，目前互联网家装发展的关键，依旧在于对家装消费者进行互联网家装的教育。而且这种教育要摆事实讲道理，千万不能炒互联网家装的风口或噱头。

接下来，我们通过家装消费者的需求观点来进一步分析互联网家装发展的需求动力。

我们对数据进行了重新赋值，将22个观点的“很不认可”与“不认可”都简单归纳为“不认可”，而将“认可”与“很认可”简单归纳为“认可”，去掉“无所谓”一项，来看22个观点与是否愿意选择互联网家装之间的关系。图中的“会”“不会”和“说不清楚”表示对互联网家装的选择意愿；纵从标的“不认可”与“认可”表示对家装观点的认可情况。

观点1：相比装修专业人士的建议，我更相信其他装修用户的经验。

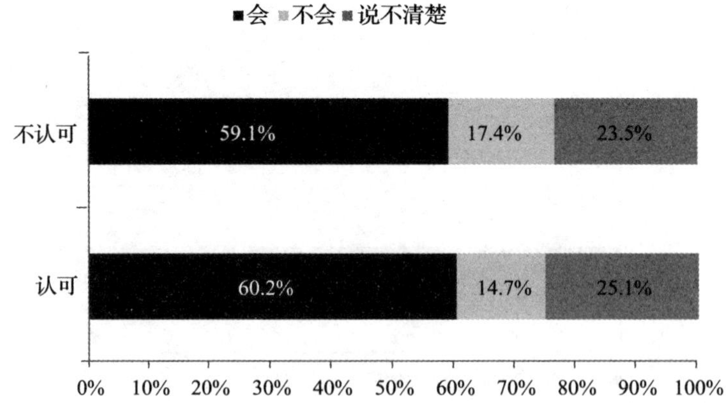

消费者对观点1的表态与互联网家装选择

是否认可“更相信其他装修用户经验”，似乎与是否选择互联网家装并没有关联。我们看到，两组消费者在回答会不会选择互联网家装时的分部几乎没有太大的差异。

观点 2：装修是一件很烦心的事。

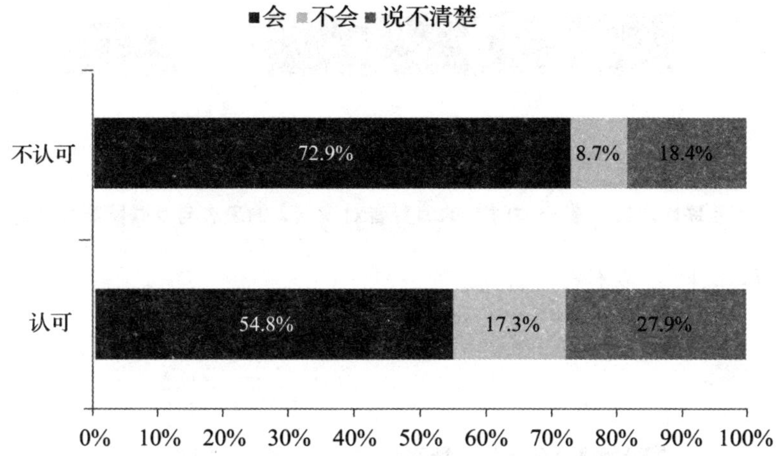

消费者对观点 2 的表态与互联网家装选择

这个结果有点意外：认为装修烦心的消费者中，只有 54.8% 愿意选择互联网家装，而在不认可“装修是一件烦心的事”的消费者中，愿意选择互联网家装的比例却高达 72.9%。同样，在认可装修是件烦心事的消费者中，有 17.3% 说不会选择互联网家装，而不认可的消费者中却只有 8.7% 说不会选择互联网家装。

我们知道，影响家装消费者行为的因素可能有许多，单一地分析某一因素对是否选择互联网家装的影响总是有一定的缺陷。为了更深入地分析这个问题，我们再引入另一个变量：认为互联网家装是省心省时的。然后看看是否能够得到合理的解释。

认为互联网家装省心省时。

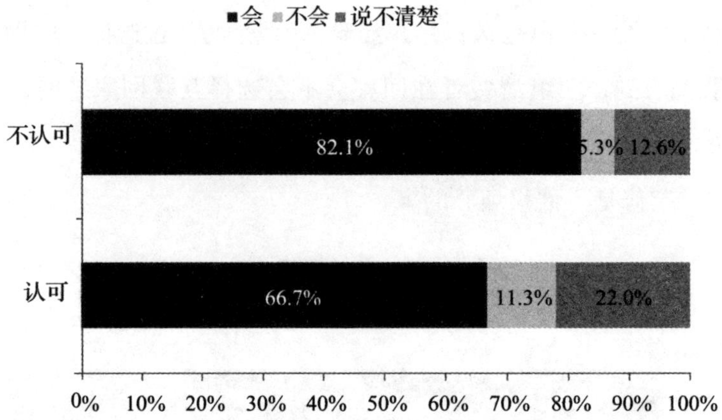

认为互联网家装“省心省时”的消费者对观点 2 的表态与互联网家装选择

认为互联网家装不省心省时。

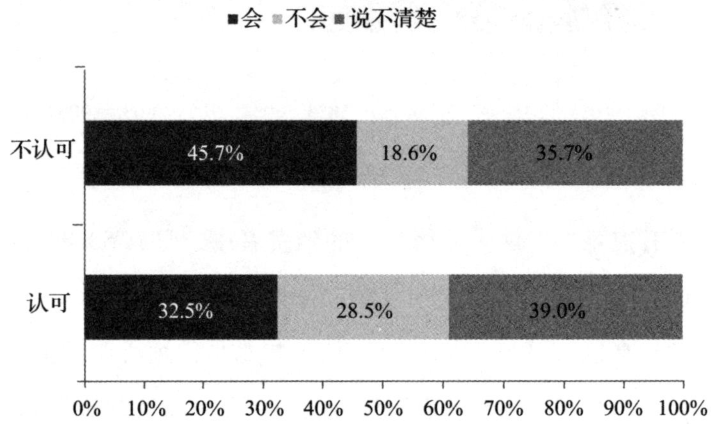

互联网家装“不省心省时”的消费者对观点 2 的表态与互联网家装选择

两组数据同样显示，认可“装修是一件很烦心的事”的消费者选择互联网家装服务的比例，小于不认可这个装修消费观点的消费者会选择互联网家装的比例。这个令我们不解的分析结果，并没有因为消费者是否认为互联网家装“省钱省时”而发生变化。

观点 3：有第三方监理，装修更放心。

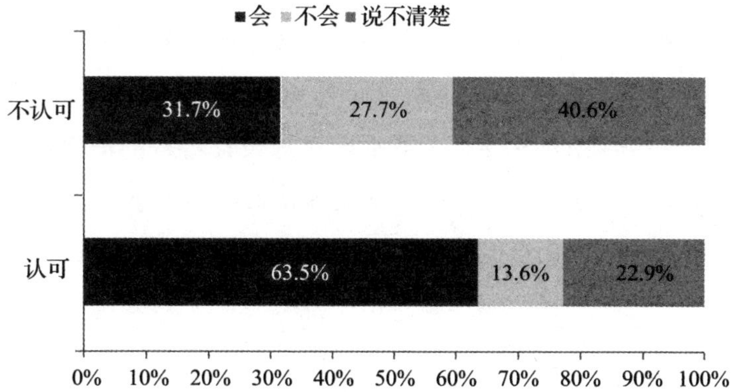

消费者对观点 3 的表态与互联网家装选择

信任第三方监理的消费者中会选择互联网家装的比例高达 63.5%；而在不信任第三方监理的消费者中，这一比例仅为 31.7%，前者高出后者 30%。可见，相信第三方监理的消费者多数也乐于选择互联网家装。另外，不认可第三方监理的消费者中有 40.6% 说不清是否会选择互联网家装。

从逻辑上来讲，第三方监理与互联网家装之间没有必然的联系。但是相信第三方监理的消费者更愿意选择互联网家装的结果似乎表明，认可这个消费观点的装修消费者更想得到放心的装修服务。或许，这才是认可第三方监理的消费者更愿意选择互联网家装的原因。

观点 4：只要设计得令我满意，我愿意支付一定的费用。

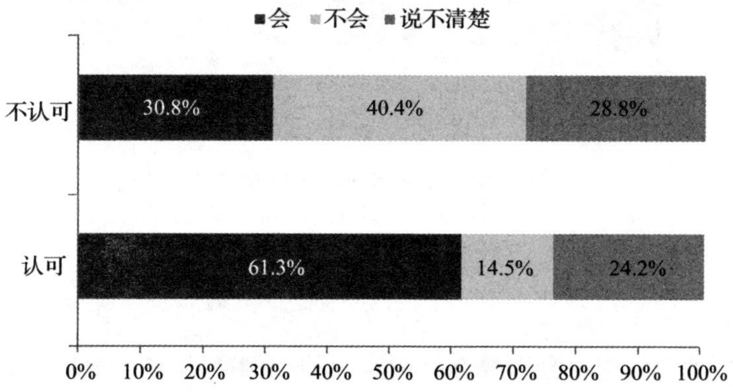

消费者对观点 4 的表态与互联网家装选择

这个分析结果又一次让我们大跌眼镜。愿意为设计付费的消费者选择互联网家装比例为 61.3%，而不愿为设计付费的消费者中这一比例仅为 30.8%，前者高出后者近 30%。为什么愿意为设计付费的消费者大多也会选择互联网家装呢？同样，在不认可这个消费观点的消费者中，有 40.4% 明确表示不会选择互联网家装。

我们从这个分析中或许能够得到以下的信息：①愿意选择互联网家装的消费者，并不是那种舍不得支付设计费的人；②如果互联网家装的设计具有更强的“设计感”，则可能更加能够得到消费者的青睐。

或许，这里我们可能需要更加关注那些不认可这一装修观点的消费者更加不愿意选择互联网家装的分析结果：是这些消费者不了解互联网家装？还是其他因素的影响？

观点 5：我愿意在我家的装修上花很多时间。

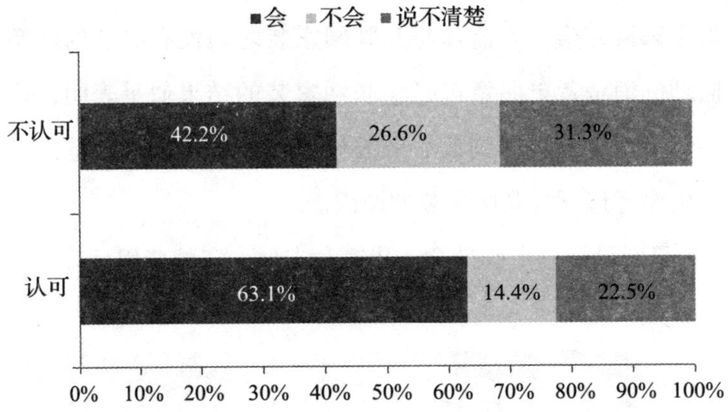

消费者对观点 5 的表态与互联网家装选择

愿意在装修上多花时间的消费者，逻辑上似乎要比不愿多花时间在装修上的消费者，更不可能选择互联网家装。但有意思的是，在愿意花时间在自家装修上的消费者中，会选择互联网家装的比例高达 63.1%；而不愿意多花时间进行装修的消费者中“会”选择互联网家装的比例（42.2%）大大高于

“不会”选择的比例（26.6%）。这可以部分说明互联网家装口号中的“省时”还是有一定吸引力的。而且，那些愿意多花时间在家装上的消费者，他们也同样愿意选择互联网家装。

观点6：只要品质有保障，我不在乎装修材料的品牌知名度。

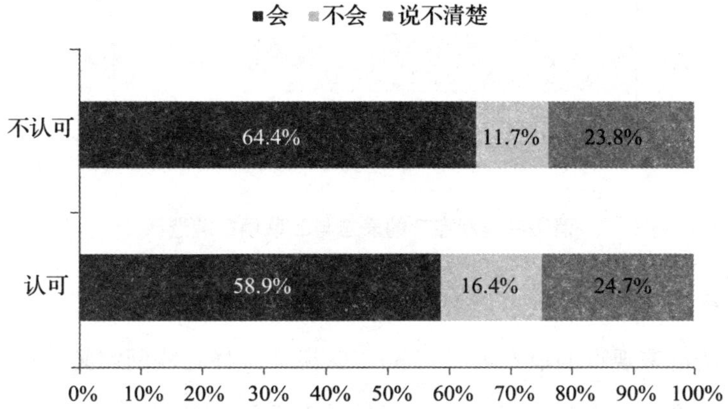

消费者对观点6的表态与互联网家装选择

认为品质更重要的消费者会选择互联网家装的比例（58.9%），比不认为品质重于品牌的消费者的比例（64.4%）略低，这倒是在一定程度上验证了很多互联网家装公司用“品牌建材”的口号对认可品牌的消费者具有更大的吸引力。

但值得注意的是，一方面认可“只要品质有保障，我不在乎装修材料的品牌知名度”的消费者占到59.3%，而不认可这个观点的消费者只有21%。所以总体说来，认可这个装修消费观点并会选择互联网家装的人数，要大于不认可该观点且会选择互联网家装的人数。所以，互联网家装企业更应该在发展自身品牌影响力方面下功夫，而不能只是依靠建材品牌的影响力；另一方面，当互联网家装企业的品牌知名度越来越大时，装修消费者在选择装修公司时，对建材品牌的影响力可能也就越来越不敏感。在实践中，互联网家装企业也会有意识地在导购过程中削弱消费者对建材品牌的关注，而把消费者的关注点引导到比如说装修质量保障等方面。

观点7：如果价格足够优惠，装修风格就不重要。

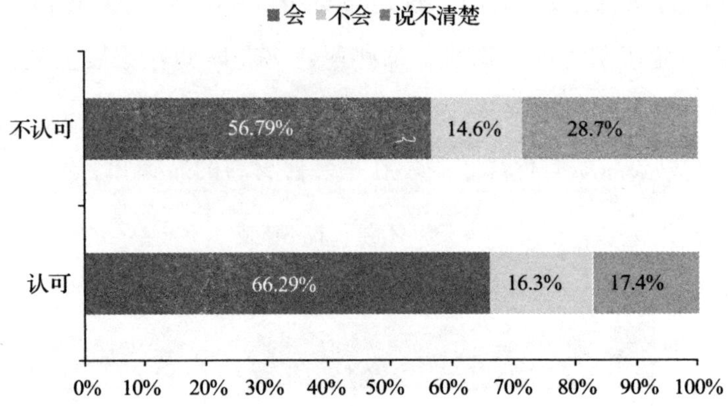

消费者对观点 7 的表态与互联网家装选择

我们看到，在认可这一消费观点的消费者中，有 66. 2% 会选择互联网家装，而不认可该观点的消费者只有 56. 7% 说会选择互联网家装。

当我们设计这个问题时，考虑到的是互联网家装的一大特点，就是牺牲所谓的个性化装修风格，来换取更加优惠的装修价格。然而我们却发现对这个观点认同与否，虽然对选择互联网家装有所影响，但是影响力却远不如我们想象的那样大。

装修消费者似乎还没有像我们想象中那样，把装修风格与互联网家装紧密地联系在一起。

观点 8：我了解装修材料的品牌和价格。

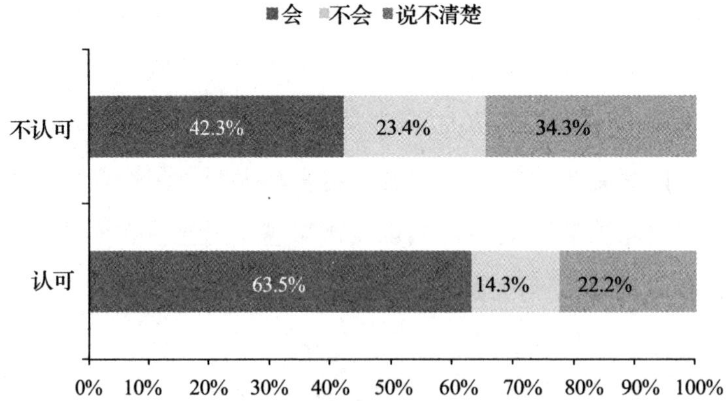

消费者对观点 8 的表态与互联网家装选择

了解建材品牌和价格的消费者中，会选择互联网家装的比例（63.5%）明显高于不了解的消费者比例（42.3%）。这似乎说明，已经对建材有了解的消费者对于互联网家装的认可度会更高。

这个发现背后的逻辑又是什么呢？是因为大多数互联网家装企业都以一线品牌建材来构建其自身品牌的可靠性？还是因为消费者在了解了建材品牌的价格后发现互联网家装在价格上的明显优势？但不管怎样，这个发现似乎揭示了一个我们希望看到的发展逻辑：消费者越是成熟，他们选择互联网家装的概率也就越大。

观点9：为了保证环保，我宁可多花钱买知名品牌的装修材料。

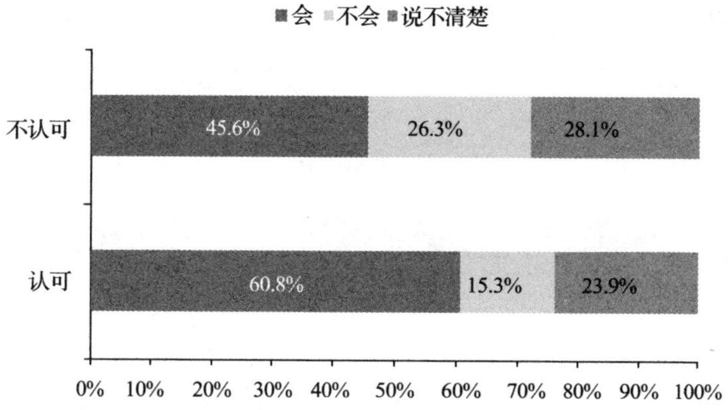

消费者对观点9的表态与互联网家装选择

对于为了环保而不惜多花钱的消费者，会选择互联网家装的比例（60.8%）明显高于不愿多花钱的消费者比例（45.6%）。我们这一路分析过来发现，会选择互联网家装的消费者并不是那些具有刚性需求的消费群体，而是一些对消费“有理想、有追求”的消费者。这可能是这个研究的最大发现。

这里我们可能需要多说一些关于环保与互联网家装之间的关系。首先，消费者对环保的要求是很高的，可能没有人会在没有条件限制的情况下说我不在乎装修是否环保。但是，当有各种条件限制时，特别是有装修报价限制时，可能就有消费者“铤而走险”地开始牺牲环保而获得更低的装修价格，这也是低价装修存在的原因。我们在前面也分析过，其中一个重要原因可能是因为价格高的装修服务并不能让消费者实实在在地“看到”其环保品质。联系互联网家装“信息透明”的特点，我们提出互联网家装要打造“看得见的环保”的装修服务品质。

另一个问题是：互联网家装是否需要提出“环保”的品牌核心价值？我们认为这是没有必要的，因为每个互联网家装都可能有不同的价值取向和定位，不需要千篇一律地打环保牌。但如果确定打环保牌，就应该坚持打下去，打出特色来，特别是打出“看得见的环保”这个互联网家装的服务特色来。

观点10：装修基本过得去就可以了，家庭装饰的个性化主要是通过软装来实现。

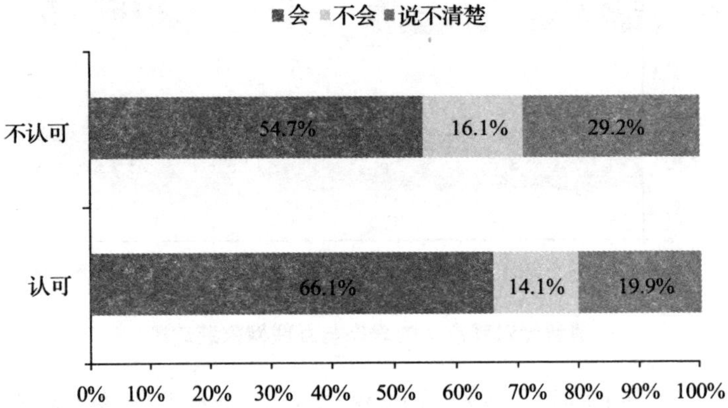

消费者对观点10的表态与互联网家装选择

认可装修个性化来自软装的消费者中，会选择互联网家装的比例为66.1%，高于不认可软装的消费者的比例（54.7%）。对这个观点认可的消费者占到44.6%，而不认可的消费者占到36.6%。

互联网家装的特质之一就是轻基础装修，而是希望通过软装来实现个性化的消费需求。但是在实践中，我们甚至是认为软装的个性化都是不需要的。

当然，对互联网家装有关个性化与标准化之间的讨论可能还要持续相当长的一个阶段。

问题是消费者对这个个性化与标准化之间关系的认识，以及对互联网家装特质的认识。这样的认识，也会长期动态地与我们行业的认识相互影响、相互作用，最终达成一个全行业的共同认识。我们期待这将是一个较长的过程。

观点 11：装修最好是让专业的装修公司/人士搞定，我能够不参与就尽量不参与。

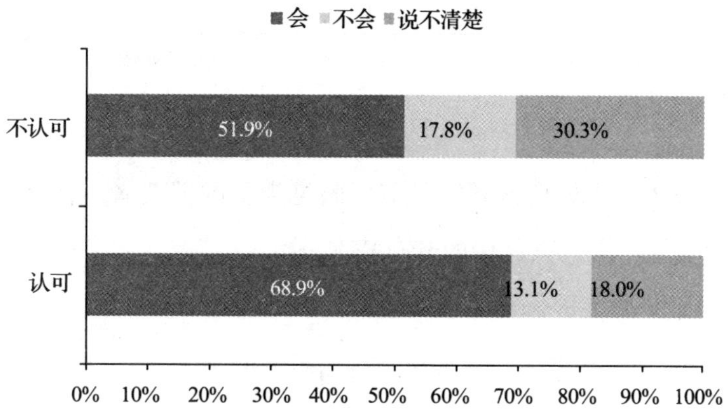

消费者对观点 11 的表态与互联网家装选择

在要专业人士做装修而自己不参与的消费者中，会选择互联网家装的比例（68.9%）明显高于不认可此观点中的比例（51.9%）。互联网家装“省心省时”的特点被家装消费者所认同，所以认为尽量不参与的消费者自然也多选择互联网家装。

其实我们一直对为什么高达近 60% 的消费者说他们会选择互联网家装的原因存在疑问：究竟是什么驱使他们说会选择互联网家装？这里我们看到，那些不认可“能够尽量不参与装修过程”的消费者居然有一半以上仍然说他们会选择互联网家装。

一个真正的研究，往往是在解决一部分疑问的同时，有产生更多的新的疑问。这也是我们后续研究需要解决的问题。

观点 12：购买装修材料和家具还是要眼见为实。

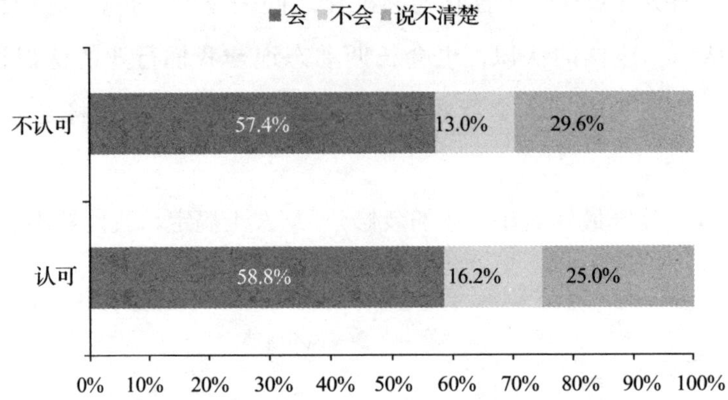

消费者对观点 12 的表态与互联网家装选择

无论是否认为购买建材和家具需要眼见为实的消费者，在互联网家装的选择比例上差异不大，其比例的分布基本一致。

观点 13：只要能够保证装修质量，装修周期长一点也无所谓。

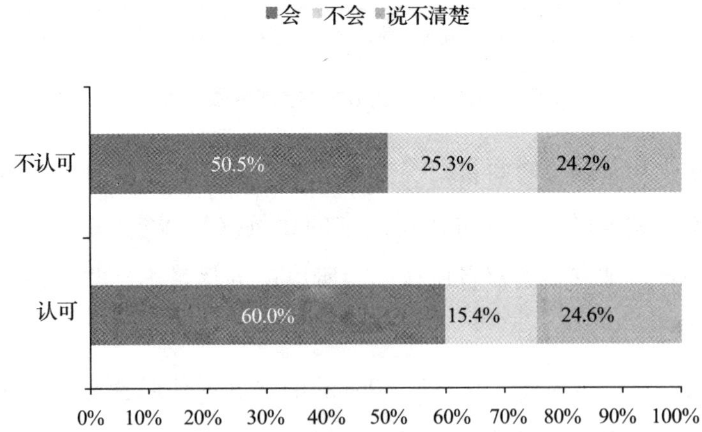

消费者对观点 13 的表态与互联网家装选择

在认可只要确保质量装修周期可以长一点的消费者中，会选择互联网家装的比例（60.0%）明显高于不认同此观点的消费者说会选择互联网家装的比例（50.5%）。这个明显的差异又说明什么呢？

不在少数的互联网家装企业都跟风标榜自己能够在多少天内完成施工，但是更多的消费者却说为了确保装修品质，他们宁可装修时间长一些。数据还显示，认同这个观点的消费者更愿意选择互联网家装。所以说，不管以上这个表格之间的数据说明了什么，互联网家装企业都至少需要思考一下为了装修品质宁可工期长一点的消费者更愿意选择互联网家装的这个调查结果。

观点 14：装修施工品质比建材品质更重要。

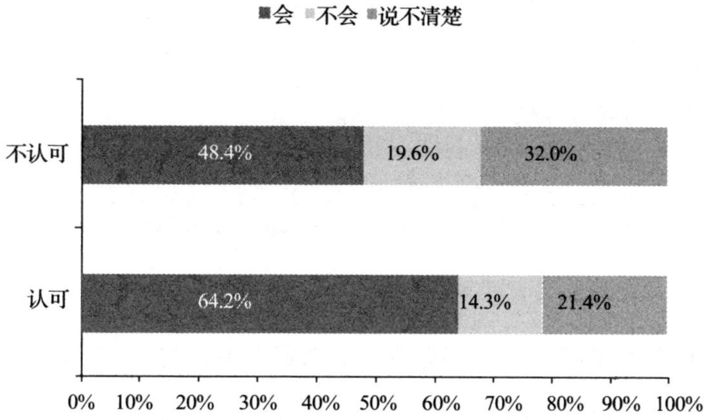

消费者对观点 14 的表态与互联网家装选择

在认可施工品质重于建材品质的消费者中，会选择互联网家装的比例（64.2%）明显高于不认可此观点的消费者会选择互联网家装的比例（48.4%）。互联网家装企业的施工与工地交付屡屡招非议，而那些重视装修施工品质的消费者却说他们更愿意选择互联网家装。这又是一个令人难以理解的结果。我们似乎看到了越来越多的互联网家装的现实与装修消费者心中认为的互联网家装之间的差异。前面我们已经提到过，这个差异在互联网家装企业与装修消费者的长期互动中，将影响到未来价值发展的轨迹和速度。

而我们的发现也将影响到这个动态的发展过程。

这个结果带给我们更多的思考：一是互联网家装究竟怎样宣传自己的品质？二是家居产品品牌在未来与互联网家装的博弈中如何能够保持自己的品牌优势？

观点 15：参加装修材料及家具的促销活动是很好的省钱方法。

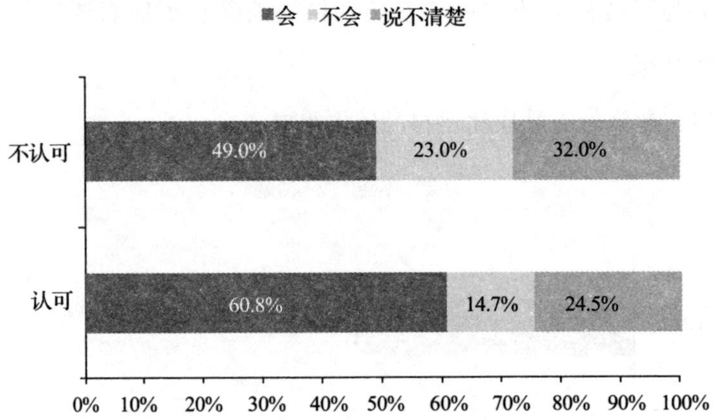

消费者对观点 15 的表态与互联网家装选择

在认可家居促销活动是省钱好方法的消费者中，“会”选择互联网家装的比例（60.8%）明显高于不认可此观点的消费者会选择互联网家装的比例（49.0%）。

认可促销活动的装修消费者可能对价格也比较敏感，于是对互联网家装也更加倾心，所以选择互联网家装的比例也较高，毕竟互联网家装的一大特征就是省钱。

这里值得指出的是，现在许多互联网家装在标榜自己省钱时，用了一些传统家居产品促销是的概念，比如 F2C。实际上，互联网家装的价格优惠程度应该要远远大于 F2C。所以我们可能更加需要另辟蹊径来宣传互联网家装“省钱”的特质，而不是套用传统概念。

观点 16：我花很多时间在网上了解有关装修的知识。

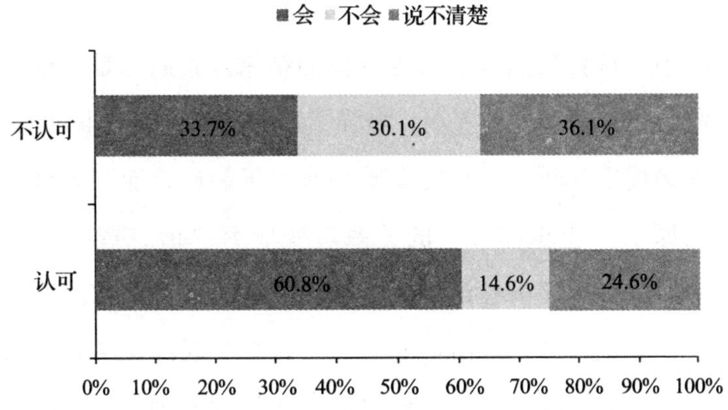

消费者对观点 16 的表态与互联网家装选择

在花很多时间上网了解装修知识的消费者中，会选择互联网家装的比例（60.8%）大大高于不认可此观点的消费者选择互联网家装的比例（33.7%）。这里明显地有两个原因：一是更多上网的消费者也更愿意接触新生事物；二是更多的网上信息也让消费者更有机会了解互联网家装，从而更会选择互联网家装。消费者在网上获取的装修相关信息越多，接触互联网家装的可能性也越高，这也提高了互联网家装纳入其选择的可能性。

观点 17：我不太相信那些帮我装修的专业人士。

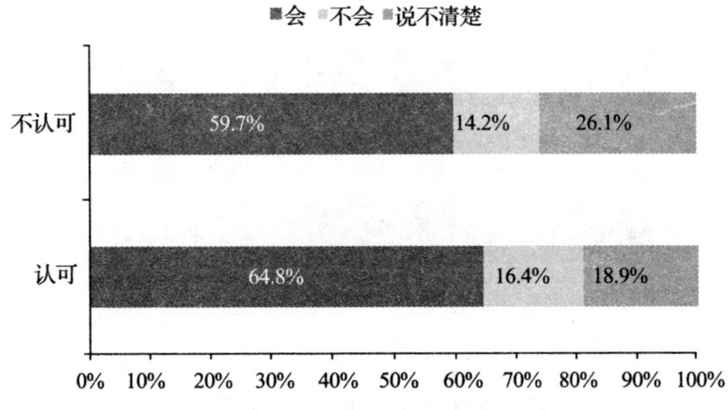

消费者对观点 17 的表态与互联网家装选择

是否相信装修专业人士的消费者，在互联网家装的选择比例上的差异不大。

这是一个不太符合我们行业人士逻辑的结果。我们总是标榜互联网家装如何克服了传统家装公司种种弊端，增强了装修消费者对互联网家装的信任。比如我们就明确提出互联网家装的本质是改变了装修企业与装修消费者之间的关系，使得原来“步步惊心”的关系转变成为“信息透明，买卖公平”。但装修消费者目前似乎还没有认识到互联网家装的这一特点。一方面可能是我们的宣传还不到位，另一方面可能是一些打着互联网家装旗帜的企业依然在干着蒙骗消费者的传统行为。我们可能不止一次看到，一些所谓互联网家装标出了一个看上去很低的价格，然而实际上却要费很多脑筋才能真正搞清楚得花多少钱才能搞定自己的家装。这些所谓的互联网家装仍然在和装修消费者斗智斗勇。

既然是“信息透明，买卖公平”，互联网家装就不妨大智若愚，更多从大处着想，真正为装修消费者着想，争取更好的用户体验和更高的运营效率，否则很难赢得用户的信任。

观点 18：我一般不太关注装修细节。

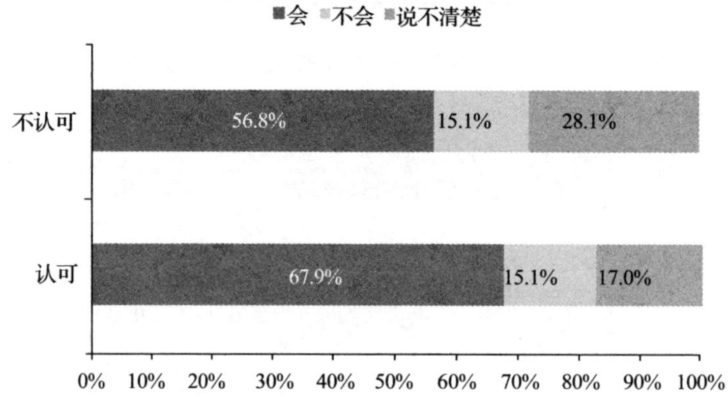

消费者对观点 18 的表态与互联网家装选择

关注装修细节的消费者似乎更愿意选择互联网家装，有 67.9% 认可该消费观点的消费者说是会选择互联网家装，而不认可这个观点的消费者只有56.8%会选择互联网家装。说是互联网家装更加关注细节？还是互联网家装能够帮助消费者不再需要关注细节？因为我们对消费者有关互联网家装概念的理解还不是了解十分透彻，所以难得出一个明确的结论。

需要指出的是，消费者关注装修细节，与对互联网家装企业是否信任有关。如果有信任，则可能可以少关心点儿细节。

观点19：装修能省一点是一点。

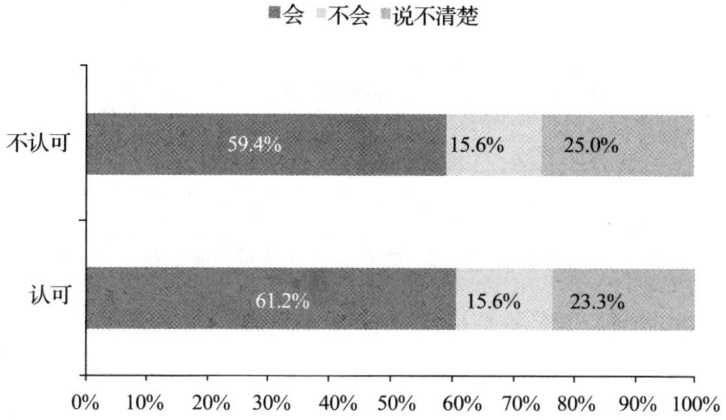

消费者对观点19的表态与互联网家装选择

51%的消费者认为互联网家装的特点是省钱。但当我们在交叉检查装修省钱的消费观点与选择互联网家装之间的关系时，却发现两者之间基本上没有任何关系，认可该装修观点与不认可该观点的消费者在选择互联网家装上的比例分布基本一致。

既然互联网家装能够省钱，为什么希望“装修能省一点是一点”的消费者没有更多地选择互联网家装呢？我们再一次感受到一股我们目前还没有认识到的力量在左右着消费者对互联网家装的选择决策。还记得在分析选择互联网家装消费者人口统计变量特征时的发现吗？这是与我们想象中的刚需人群完全不一致甚至正好相反的分布。通过非统计学地分析，我们似乎感到了消费者对改变现有传统家装限制的渴望。

既然对现有的传统家装不满意，那新的互联网家装总是一个不坏的选择。

观点20：我不太在乎什么设计风格，关键是我自己喜欢。

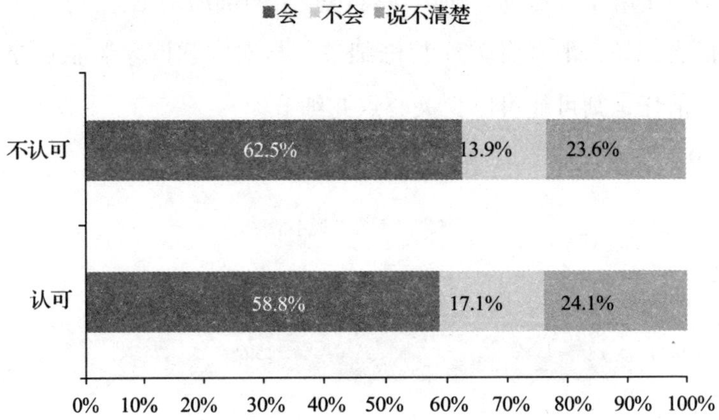

消费者对观点20的表态与互联网家装选择

在认可自己的喜好重于设计风格的消费者中，会选择互联网家装的比例（58.8%）略低于不认可该观点的消费者选择互联网家装的比例（62.5%）。但总体上看，该消费观点对互联网家装的决策似乎没有影响。

设计风格是互联网家装颇受争议的问题。互联网家装企业似乎总也摆脱不了设计风格的纠缠，总是要在不可能中设计出各种的所谓的装修风格。这一方面可能是对市场需求的妥协，另一方面可能是对互联网家装运营模式理解得不够透彻，三则是在营销上缺乏对企业定位的把控，缺少一句话说清企业业务的能力或决心。

目前，互联网家装自身应该不会给消费者带去设计风格，更不用说是消费者自己喜欢的装修设计了。这时，互联网家装能够吸引消费者的最重要的优势什么呢？

观点21：装修公司的样板间很难反映其施工品质。

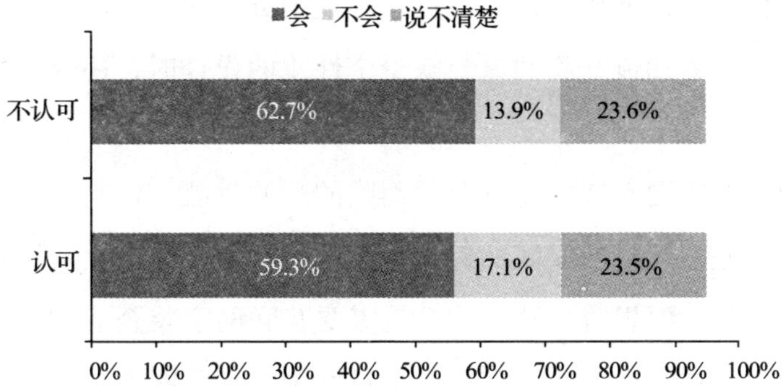

消费者对观点21的表态与互联网家装选择

这本是一个与选择互联网家装不是很相关的问题，结果也表明对该消费观点的认可与否，与是否会互联网家装选择没有太大的差异。然而注意到认可这个观点的消费者占到2/3，所以我们还是要关注如何更加有效地展示互联网家装的施工品质。

观点22：与装修的品质比较，我更关心装修的个性化。

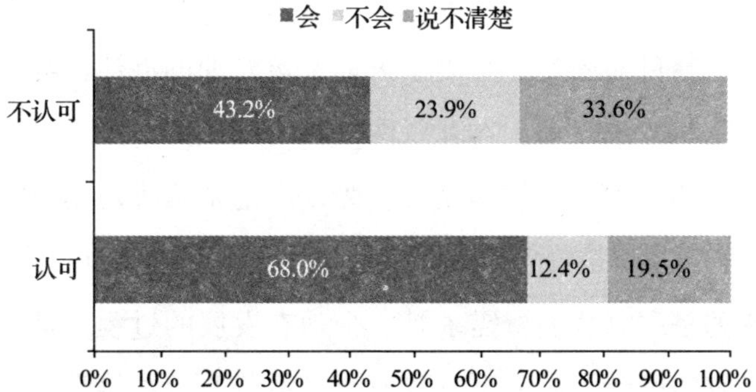

消费者对观点22的表态与互联网家装选择

认为装修个性化重于品质的消费者，会选择互联网家装的比例（68.0%）明显高于不认可此观点的比例（43.2%）。这说明关注个性化的消费者中，有更多人愿意选择互联网家装。这又是一个令人不解的分析结果。

联想到认为互联网家装“材料选择比较少”的消费者的比例只有22%，且是否这样认为对互联网家装选择影响并不大这两个分析结果来看，消费者似乎对互联网家装标准化运营的特点并不是十分了解。这就带来一个严重的问题：如果消费者知道互联网家装缺少个性化的设计时，还会选择互联网家装吗？

这是每个互联网家装企业都必须面临的严峻挑战：你是否在消费者拒绝你的时候依然坚持互联网家装的标准化？这甚至是这个行业发展互联网家装过程中的一个坎，要想跨越这个坎，就需要互联网家装企业和消费者双方的消费理念都发生根本性的变化。在这个过程中，互联网家装企业的坚持和持续地对消费者的教育就显得十分重要。谁能够坚持自己的标准化服务特色，并将这种标准化的服务特色转化为打上自己互联网家装品牌烙印的品牌个性化，谁就可能成为未来家装服务的王者。

以上，我们只是研究分析了当前家装消费者的需求与互联网家装发展之间的关系。虽然我们的分析有许多发现，然而可能我们在回答一些现有问题的同时，又提出了更多的疑问以待今后进一步地去研究和探索问题的答案。

如果用一句话来概括我们在分析整个互联网家装消费需求时的感受，那就是：互联网家装目前还是一个处于天地玄黄时期的混沌世界，无论是互联网家装企业还是装修消费者，对互联网家装的认识都不是十分明确，对即将面临的装修模式的认识也都不是十分清晰，无论是思维还是行动，在相当程度上还处于一种无序状态，需要更多的时间来调整并进行有序化。

需要指出的是，家装消费需求是一个动态发展的过程，是一个互联网家装不断深入教育的过程，是一个家装消费者不断熟悉并接受互联网家装的过程，是一个传统家装业务模式不断进化的过程，也是一个互联网家装不断进行自我改善的过程。

目前来看，未来互联网家装的标准化套餐或将成为装修服务的普遍形式。

这是从家装服务的规模化运营和提高效率目标的角度来考量的。随着互联网家装的发展，标准化的整装套餐模式越来越普及，家装消费者对标准化整装套餐模式也越来越习惯，对整装套餐的装修服务的一些基本特征也从不能接受到完全适应。这是一个装修服务模式与家装消费者之间长期互动并互相影响的动态过程。

如果想象不到未来的标准化装修模式是什么样的，可以简单参考一下现在的汽车市场。我们看到，所谓标准化的整装套餐装修服务，就如汽车市场的整车销售模式；而传统的家装服务模式，就如到一个巨大的汽车零部件市场采购来各种零部件，然后再找人来将这些零部件组装成一辆整车。对汽车制造来说，这样的过程非常低效，甚至是非常愚蠢的。

可是传统家装的服务模式就是这样一种低效的运营模式，不但运营效率低，而且用户体验也差。如果这样来看，传统家装模式确实太落后了，虽然有个性化家装消费需求作为挡箭牌，但是仔细想来，难道汽车消费就没有个性化需求吗？

所以说，家装消费个性化需求的概念以及具体的内容是可以改变的，不是一成不变的。

未来，家装消费需求的个性化将演变为一种具有个性化的标准化，就像汽车具有不同的品牌。虽然汽车是整车销售，是标准化的产品，但是每个汽车品牌都具有个性化的品牌形象。

互联网家装在经历了早期的混乱发展后，也开始成熟发展。互联网家装企业开始重视自己品牌的个性化打造。这就是我们所称的互联网家装的差异化发展。这个差异化发展的核心是打造具有不同个性的品牌形象。

我们一直在问这样一个问题，以帮助大家来理解标准化产品与个性化需求之间辩证统一的关系：当每人手中有一个苹果手机时，我们的个性化需求又表现在哪里？答案是：表现在苹果手机独特的品牌形象上。是苹果手机独特的品牌形象满足了很多人所谓个性化的需求。而这种所谓个性化需求的实质，却是表现为“我是某一种人”这样一种集体的归属感。品牌的个性化形象，就是为这样的集体归属感指示了方向。

目前的互联网家装还停留在品牌竞争的初级阶段，还在做品牌的表面文章，而没有上升到品牌的核心价值观的角度来进行品牌塑造。比如说，我们还在过多地纠缠互联网家装套餐的价格，纠缠如工期等概念性的问题，并没有触及品牌的核心价值。而品牌的核心价值，才是真正触及消费者个性化的需求，真正能够体现消费者集体归属意识的东西。

比如，宝马和奔驰的价位基本相当，但二者属于不同的品牌个性，所以购买宝马和购买奔驰的人在个性需求方面有着相当大的差异。这种差异就来自品牌的核心价值。

另一个值得关注的发展趋势就是，随着互联网家装的发展，互联网家装中的互联网因素越来越被淡化，因为传统家装要么已经开始进化，与互联网家装的差异越来越小；要么已经被历史所淘汰。所以我们可以说，互联网家装发展的结果，就是互联网家装的消亡。

后 记

互联网家装发展的历史思考

我们从对家装消费需求和行为的分析出发，研究了互联网家装发展的需求基础和发展潜力。虽然不少人说互联网家装已经到了下半场，可是我们却认为互联网家装的发展才刚刚开始。甚至是若干年后再回过头来审视这场所谓的互联网家装发展，我们或许会认为这只是行业发展中冒起的一朵小浪花，或许历史上不再有所谓的互联网家装这个历史事件的存在。站在历史的角度，用发展的观点来思考我们这场互联网家装的发展，可能会带给我们更多启发和认识。

作为本研究报告的最后一部分，我们就从泛家装行业发展的历史角度，来重新思考互联网家装发展的历史意义和作用。

一、互联网家装发展的历史贡献是什么?

我们认为，互联网家装对泛家装行业发展最大的历史贡献，就是让我们重新意识到，我们行业的使命就是满足家装消费者的消费需求，是行业发展的历史轨道，重新回到历史发展的正确方向上来。

互联网家装的发展使我们清楚地意识到，我们所处的行业不是家具、建材、装修等相对独立的行业，而是一个有机的整体，都是为了完成一个统一的目标：满足家装消费者的需求。

所以我们所处的行业是泛家装行业，我们行业所做的一切，都应该围绕“家装要素的有效组织”这个核心来展开。

应该说，泛家装行业发展初期，家装要素的组织是无意识的，是通过众多企业无意识的“赚钱”的动机和行为来实现的。从家装公司形式的出现，到“建材一条街”最初无意识的组织形式，然后是家居市场和家具商场的兴起，都是家装要素组织形式的一步步优化。但却以建材的组织为中心，偏离了家装要素有效进行组织发展的正确方向。

更要命的是，因为商业房地产的发展，传统家居商场这个家装要素的主要组织形式被半路阻断了。家居商场的发展，不再以满足家装消费者的需求为主要目的，而是为了获得更多的商业房地产利润。

这是为什么家装消费如此痛苦不堪的主要原因。行业中，我们不断遇到因为自己家装修发现痛苦不堪，而发誓要通过自己来做装修公司以改变这种现状的朋友。但是基本上都没有成功。因为他们没有意识到，装修运营的落后不是一两个装修公司通过自己的行为就能够改变的，而是需要整个行业结构性的变革，需要发现更加有效的家装要素的组织形式。

互联网家装的出现使我们意识到了这点。因此，我们不仅能够通过互联网家装这种有效的家装要素组织形式来促进泛家装行业的发展，而且还可能在实践中探寻出更加有效的家装要素的组织形式。

二、如何认识互联网家装中的“互联网”？

在互联网家装发展的浪潮中，很多人以为只要搞个家装套餐包，然后再互联网上大声吆喝，就算是互联网家装了。显然这是不对的。

那么，互联网家装中究竟有没有“互联网”呢？答案是“有”。

但这绝不是我们很多人认知的互联网工具，比如说线上引流，上京东天猫，用微信微博，等等。互联网家装的“互联网”，是深深植入在互联网家装运营者的思维中，体现出一种全新的经营思想。

我们曾经以互联网发展的“一个中心两个基本点”的理论来说明，互联网家装所表现的不仅仅是一种先进的家装要素的组织形式，还更加表现在互联网家装与家装消费者的关系处理上。

互联网家装的实质是一场经营思想革命，其核心就是“信息透明，买卖公平”。

互联网发展的“一个中心，两个基本点”讲的是，互联网的中心功能就是“信息互动”，互联网发展的两个基本目标就是“更好的用户体验和更高的运营效率”。而互联网信息互动最重要的形式是用户与用户之间的信息互动，它打破了传统家装服务信息的不对称，使得装修公司与家装消费者之间建立起一种“买卖公平”的新型用户关系。

作为一种有效的家装要素组织形式，互联网家装的有效性也就体现在“买卖公平”的平等关系中。

三、互联网家装如何改变传统家装行业？

互联网家装不仅仅是一种更加有效的家装要素的组织形式，而且正在全面改变传统家装行业的经营理念和运营方式。

我们从以下几个方面来简要考察互联网家装对传统家装经营的影响：

1）经营哲学。互联网家装经营哲学的变革是根本性的，其核心是改变了传统装修公司与装修消费者之间的关系。这一经营哲学的改变影响着装修公司经营的方方面面。比如说：你的合同中是否还包含潜在的漏项？你在施工过程中是否还可以推荐油水满满的增项？你在与消费者的整个接触过程中是否还与消费者斗智斗勇？你是否鼓励公司员工诚实地对待每位消费者？你在材料的选择和宣传中是否确实在为消费者着想？

我们坚信互联网家装发展的生命力，因为它建立在一个健康的“买卖公平”的用户基础之上。

2）经营方式。经营方式的变化是以家装消费者的需求逻辑为基础的。其中最突出的就是提供所谓“一站式”的标准化装修服务。互联网家装一开始就以装修服务标准化为鲜明旗帜，打破了传统的个性化装修服务的禁区，而且整装模式的发展一发不可收拾。一些“风口论”者不停地在寻找所谓的“下一个风口”，比如说互联网家具包、互联网软装包，等等。其实只要用“家装要素的有效组织”的理论来考量就会发现，这是互联网家装发展的必然。

3）组织结构。互联网家装运营的组织结构与传统家装公司组织结构的最大区别在于对传统设计和工程部门的弱化。这种弱化，一方面通过企业产品设计部门功能增强来弥补，另一方面通过传统设计和工程职能的系统化来固化。这应该是互联网家装运营中值得关注的一个重要方面。

4）设计师职能。不得不把互联网家装的设计师单独拎出来谈谈。在互联网家装“所见即所得”概念的引导下，传统家装设计师的传统职能被大大弱化了，取而代之的是设计师对互联网家装标准化运营的深刻理解和对家装消费者需求逻辑的把握。至少在互联网家装发展初期，设计师职能的转化成为互联网家装企业发展速度的一个重要制约因素。

四、互联网家装中个性化与标准化的辩证统一

关于个性化与标准化的争议是互联网家装发展绕不过去的，必须直面相对。

众所周知，互联网家装开启了家装服务的标准化历程。那么问题来了：为什么在一片 C2B 个性化发展思潮中，我们泛家装行业发展却要逆着发展趋势，从完全个性化向标准化发展呢？

对这个问题的回答，实际上更多地揭示了互联网和大数据发展而导致的思想混乱。我们曾经撰文分析了这种混乱思想的症结所在：①我们可以将消费者的个性化需求聚集起来，从而对具有相同或相似个性化需求的消费者提

供标准化的产品或服务。这是典型的市场细分的思想和方法，是经过多年市场时间的考验。但是在一片“颠覆”思潮中，人们把注意了更多地放在了因为呼喊颠覆带来的快感上。②即使是提供个性化的产品或服务，解决方案的关键也不在生产环节而是在供应链环节。换句话说，认为有了工业4.0就可以提供个性化产品的思想是幼稚的，是不可实现的。

回到互联网家装的标准化服务上来，这是对传统个性化家装服务一次革命，其意义就在于整个行业是在饱受个性化服务效率低下的痛苦情况下的一场行业的反思：没有标准化服务，企业就得不到规模化发展，服务质量也得不到大幅度提高。

然而在互联网家装的创建和执行中，个性化思潮就像一个幽灵伴随左右，严重影响着互联网家装的发展。

我们需要清楚地认识到：互联网家装发展中，个性化需求与标准化服务之间的关系是辩证统一的。我们是通过标准化的服务来满足一群具有相同或相似个性化需求的消费者的个性化需求；同时，互联网家装的标准化服务又呈现出自己独特的个性化特征。这就如宜家家居产品，它是标准化产品，却又具有鲜明的个性化特征。

我们所说的互联网家装发展需要坚持持久战和差异化，就是提倡互联网家装的这种个性化特征。

五、互联网家装中的经营理念

互联网家装的崛起，表明装修服务从传统的个性化迈向标准化。同时，互联网家装还意味着向传统装修高昂价格的宣战。一般来说，标榜是互联网家装的装修服务价格都要比传统装修服务低30%左右。

这一点，可能要归功于被称为“雷布斯”的雷军。我们都知道，实际是雷军引爆了互联网家装的发展。我们或许不尽同意爱空间每平方米

699 元的装修报价和 20 天的装修工期，但是正是其背后的经营理念才引爆了互联网家装的发展。这个营销理念就是：打破行业暴利和将服务做到极致。

我们都知道雷军关于互联网思维的七字诀：专注、极致、口碑、快。但是，真正主导雷军营销行为的核心思想却不是这个七字诀，而是一种追求极致性价比的营销精神。而“专注、极致、口碑、快”，只是实现极致性价比这个终极经营理念的手段而已。

换句话说，雷军的营销套路，就是充分运用互联网信息互动的功能，通过“专注、极致、口碑、快”来达成“更好的用户体验和更高的运营效率”，最终实现极致性价比的终极理念。

具体说，就是通过“专注”把某个产品或服务做到“极致”，然后通过互联网信息互动的“口碑”效应来快速地传播。专注和极致意味着规模化、标准化的生产或服务，从而大大地降低了运营成本，从而形成具有极致性价比特征的产品。而互联网信息互动的口碑效应，不但能够极大地降低营销成本，而且能够快速地占领市场。

以极致性价比的产品切入传统暴利市场，立足市场并形成穿透力，运用互联网快速传播的功能迅速扩大市场占有率，这就是雷军的基本战略。其核心是极致性价比的经营理念。

然而这种经营理念却与当前“消费升级”的思潮格格不入。

关于“消费升级”的问题，我们不准备在此进行更多的分析，只是指出这样几点：①消费升级原本是用来描述宏观经济结构变化，却被一些人用来作为企业产品涨价的理由；②对企业来说，坚持企业的战略定位比消费升级更加重要；③我们现在需要的不是消费升级，而是消费回归理性。

有人甚至用消费升级来批判性价比，认为性价比的产品或服务已经过时了。这更加显示出所谓消费升级背后的不合理性。

无论什么时候，性价比都是王道。我们看到，在世界知名企业中，提供性价比产品或服务的企业比比皆是：宜家、沃尔玛、麦当劳、肯德基、Costco、优衣库、H&M……

而互联网家装发展背后的经营理念，就是这个追求“极致性价比”的思想。

六、互联网家装的持久战与差异化

雷军擅长以快制胜的战略，但是互联网家装的发展却是个持久战。其中的差别在于，互联网家装更加以服务为导向。而服务力量的形成，需要时间的支持。

早在2015年年初，当互联网家装刚刚兴起时，我们就提出互联网家装需要坚持持久战与差异化两个基本原则。事实证明，我们当初的判断是正确的。

关于互联网家装的发展，我们有两点观察：一是一个确实能够提供高性价比的互联网家装服务，能够在某城市迅速获得消费者的响应，每月接单量很快就能够名列前茅；二是当互联网家装每月的施工工地达到一定规模后，往往开始出现施工力量跟不上、供应链断裂、施工质量监理不到位、用户体验开始下降的现象。

这说明互联网家装的发展需要稳扎稳打，需要施工力量、监理力量和供应链等多方面的稳定发展，一定急不得。这是产品战略与服务战略不同之根本所在。

差异化的问题涉及互联网家装服务的个性化（或品牌的个性化）。前面分析过，这是个性化与标准化的辩证统一。装修服务依旧是标准化的，但品牌的特征却是个性化的。

互联网家装发展，必须同时坚持持久战和差异化。如果没有持久战的支持，差异化就是无稽之谈；如果没有差异化，持久战也就失去了意义。

七、设计主导权的虚拟与现实

泛家装行业发展的主旋律，就是家装要素的有效组织。而组织家装要素最直接的手段，就是设计。未来设计就是销售。所以泛家装行业的最高竞争形式，就是家装设计主导权的竞争。

获得设计主导权，就获得了家装要素的组织权。所以我们说：泛家装行业中企业最重要的决策，就是决定是成为家装要素的有效组织者，还是参与到家装要素最有效的组织中去。

理解这个“设计主导权”的概念，对企业来说是至关重要的。比如说，目前家居定制很红火。但是根据这个家装要素“设计主导权”的概念，家居定制在不久的将来一定会和互联网家装争夺设计主导权。而这一场设计主导权争夺战的胜利者，应该不是家居定制，而是互联网家装。

设计主导权，一个简单的概念，看清泛家装行业的发展。

在互联网家装运营中，广泛用到3D云设计软件。但这个3D云设计软件的定位，我们认为更是一款营销沟通软件，这是互联网家装运营中不可忽视的概念。

原则上讲，互联网家装的设计功能发生了本质性的改变。原本的个性化设计上升为互联网家装的产品服务设计，而互联网家装运营中设计师的作用，只是运用3D云设计软件来“拷贝”互联网家装的产品服务设计，并与用户进行更深入的沟通。

也就是说，互联网家装的设计主导权掌握在互联网家装的组织者手中，而非互联网家装运营中的设计师手里。

这就是互联网家装设计主导权的虚拟和现实。

八、互联网家装的未来组织形式

在互联网发展中一个具有重要意义的问题是：互联网对组织形式的影响和作用机制是什么？很多优秀企业的领导人都在深入思考这个问题。比较知名的有海尔的张瑞敏，他一直在探索互联网时代的组织运营模式，提出了企业平台化、员工创业化的思路。一句话，就是让员工当老板，充分激发员工的积极性。

一些学者也在探讨未来组织的运营和管理模式问题。他们认为，未来组织的运营和管理模式的改变，是由于组织内个体的需求发生了根本性的变化。

我们也认为未来组织的运营和管理模式会发生根本性的变化，但是变化的原因却不是因为组织内部个体的需求变化，而是互联网信息互动的概念所带来的信息沟通方式的变化。比如说，华为任正非所提出的"前方指挥炮火"的组织运营模式，其根本原因是互联网改变了组织内信息流动的渠道：一方面，前方直接能够指挥炮火；另一方面，实际管理也能够对前方指挥炮火的行为进行有效的监督。

互联网信息互动的功能，正在全方位地改变组织的运营和管理模式。举个例子：不在少数的互联网家装企业提出了"产业工人"这个概念。在传统组织模式下，产业工人的一大特征，可能就是工人在企业的花名册上，由企业发工资和福利。但是UBER模式的出现，使得所谓"产业工人"的概念发生了变化：工人不必再是企业传统意义上的正式职工，而是通过互联网的信息互动，成为企业组织运营的一个有效组成。

互联网的信息互动功能，正在淡化传统组织的界限。

在互联网家装的实践中，我们正在运用互联网信息互动的功能创造新的组织运营模式，把原本不属于企业正式员工的工长和施工人员纳入到企业的运营机制中来，有效进行调度和管理。随着互联网家装的不断发展，这一机制也将在实践中不断优化改革，最终将成为家装服务的一个常态化的有效运营机制。

在对企业组织模式进行互联网化变革探索的同时，我们还注意到了所谓的“阿米巴”组织形式。这是传统组织机制中通过更小的相对独立的组织单元的运营，来调动组织成员的积极性，提高运营效率。这个“阿米巴”组织机制，在互联网信息互动的作用下，将会发挥更加有效的作用。我们已经看到，有互联网家装企业在尝试将这样的组织形式应用在互联网家装的运营中。虽然目前还没有取得成功，但这是一个有益的探索，而且将持续下去。

我们相信，沿着互联网发展“一个中心，两个基本点”的方向，互联网家装正在尝试并悄然改变传统的组织运营与管理模式，以取得“更好的用户体验和更高的运营效率”。

九、互联网家装的消亡

在互联网家装发展的主题下探讨互联网家装的消亡似乎有点不合时宜，但却符合事物的发展规律：有生必有亡。很多情况下，消亡并不是一件负能量的事，而是事物发展进入了一个新的阶段。

2013 年年底，马云和王健林对赌一个亿，看究竟电商的市场份额能否占到 50% 以上。我们当时就说，这对赌可能谁也赢不了。因为对赌时，马云和王健林是站在不同的山头隔山打赌，但是两座山峰逐渐地开始靠近并开始成为一体，这时，这个对赌就失去了意义。

2016 年 10 月，马云宣布电子商务时代已经过去，谈电子商务已经没有意义了。表面上看似乎是老王赢了，但实际上老马已经进入了一个新的状态——老马称之为“新零售”，而我们称之为“后电商时代”。

电子商务不是彻底消失了，而是进化到了线上线下一体化的新时代。

当互联网家装兴起后，一些研究机构就预测互联网家装的发展趋势。我们半开玩笑地和他们说："这互联网家装我们自己还没真正搞明白怎么回事，你们外行人怎么就开始预测它的发展趋势呢？更何况，它的发展趋势一定不是与传统家装业务此长彼消的关系，直至传统家装的消亡。

我们不能对立地看待互联网家装与传统家装之间的关系。互联网家装的发展一定是一个逐渐进化的过程，它从开始的突变基因到逐步移植到传统家装的体系中，从而使得一部分传统家装企业逐渐进化到与从互联网家装进化过来的企业相似的阶段，未进化的企业基本上消失了。这时，再谈什么互联网家装已经没了意义。

于是，互联网家装也就完成了自己的历史使命。